コンパス 幼児の体育
― 動きを通して心を育む ―

編著：前橋　明

共著：浅川和美・有木信子・泉　秀生・岡みゆき・金　賢植
　　　小石浩一・五味葉子・佐藤明日香・佐野裕子・須田あゆみ
　　　住本　純・髙橋功祐・德田眞三・永井伸人・廣瀬　団
　　　藤田倫子・松坂仁美・松原敬子・丸山絢香・楠美代子
　　　森田清美・森田陽子・山梨みほ・吉村眞由美

建帛社
KENPAKUSHA

まえがき

　近年，日本の子どもの学力や体力の低下，心の問題の増加が社会問題となっており，問題の改善のためには，園や学校，家庭，地域の連携した取り組みが求められています。

　そこで，その取り組みに大きく寄与する知恵と内容を網羅した本書では，近年における子どもたちのからだの異変を紹介し，運動を通した改善策にあわせて，運動が果たす役割と運動を幼児期から生活化させていく「幼児体育」の意義と役割について，その理論と実践を提供しています。

　夜型化した社会の中で育つ現代っ子の就寝時刻を早めるためには，「子どもたちの生活の中に，太陽の下での戸外運動を積極的に取り入れること」，特に，「体温が高まって，からだのウォーミングアップのできた午後の戸外あそび時間を増やして運動量を増加させ，夜には心地よい疲れを誘発させること」，そして，「テレビ・ビデオ視聴時間を努めて短くして，だらだらと夜遅くまでテレビやビデオを見せないこと」等が有効と考えます。

　ただし，メディア利用の仕方の工夫に力を入れるだけでは，根本的な解決にはなりません。つまり，幼児期より，「テレビやビデオ，ゲーム等のおもしろさ」に負けない「人と関わる運動あそびやスポーツの楽しさ」を，子どもたちにしっかり味わわせていかねばなりません。

　幼児体育の担う役割は，非常に大きなものがあり，現在，子どもたちの生活に，運動を積極的に導入してくれる保育者（指導者）と実質的な運動の機会づくりが大いに求められています。要は，人と関わる運動を実践すると自律神経の働きがよくなり，大脳の前頭葉が鍛えられていきます。そして，人と関わることで運動量がより増えて活動量が旺盛になって，体力づくりや心地よい疲れをもたらす生活リズムづくりにつながっていきます。

　今，子どもたちの心とからだがSOSを発していますので，ぜひとも，幼児体育を大切に考える皆様に立ちあがってもらい，本書で学んだ知恵と技を，子どもたちの健全育成に向けていただきたいのです。幼児体育の力を結集させて，世の中の要望や期待にしっかり応えていただきたいと，希望いたします。

　幼児体育を学ぶ皆様には，とりわけ，子どもたちの健全育成を担うリーダーになっていただき，生活の中で，子どもたちがもっと運動に関わることができるようなしかけを考えていただきたいのです。あわせて，子どもたちがドキドキするような，血液循環がよくなるような刺激を，1日に，少なくとも2回は与えてほしいと，啓発・指導を展開していただきたいと願います。また，親子関係づくりや子どもの居場所づくりのためにも，親子あそびや親子体操を乳幼児期から奨励していくことを，国民運動として展開していく協力をしていただきたいのです。こうして，未来を担う子どもたちが，健康的な生活を築き，いきいきと活躍してもらいたいと願っています。皆様，どうぞよろしくお願いいたします。

　2017年4月

編著者　前橋　明
（早稲田大学 教授／医学博士）

目　次

概　論　1

1　運動の役割と効果　1
2　現代の子どもたちが抱える問題　2
3　研究からの知見と提案　3
4　午後あそびのススメ　3
5　親子ふれあい体操のススメ　4
6　運動の必要性　5
7　子どもの発育・発達　6
8　発達の順序性　6
9　幼児期の発育・発達と運動　7
10　運動発現メカニズム　7
11　体力・運動能力，運動スキルの発達　9
　（1）体力（phycical fitness）　9
　（2）運動能力（motor ability）　10
　（3）運動スキルと運動時に育つ能力　11
12　指導の基本　12
　（1）ねらい　12
　（2）環境構成と指導の必要性　12
　（3）刺激となるような運動量の確保と運動動作の獲得　13
　（4）指導内容　13
　（5）指導者に期待すること　14
13　外で安全に遊ぶための工夫　15
　（1）戸外で安全に遊ぶための工夫　15
　（2）安全に遊ぶための約束　15
14　つまずきと子どもへの対応　17

〔理論編〕

第1章　近年の子どものからだの異変とその対策　21

1　遅い就寝　21
2　生活リズムの乱れ　22
3　増える体温異常　24
4　乳児期からの脳機能のかく乱　26

第2章　幼児になぜ運動が必要か　29

1　幼児期に運動の必要なわけ　29
2　幼児にとっての運動の役割と効果　30

（1）身体的発育の促進　30
　　　（2）運動機能の発達と促進　31
　　　（3）健康の増進　31
　　　（4）情緒の発達　32
　　　（5）知的発達の促進　32
　　　（6）社会性の育成　33
　　　（7）治療的効果　33
　　　（8）安全能力の向上　34
　　　（9）日常生活への貢献と生活習慣づくり　34

第3章　子どもの生活と運動　35

　1　心地よい空間　35
　2　ガキ大将の役割　36
　3　子どもの発達と運動　38
　【コラム】からだと心が心地よく動く食べ物を子どもたちに届けよう　40

第4章　乳児期の発育・発達と運動　41

　1　反　射　41
　2　発達の順序性　41
　3　微細運動　43
　4　身体各部の発達のプロセス　43
　　　（1）身体の発育・発達　43
　　　（2）スキャモンの発育・発達曲線　44
　5　乳児期の運動発達　45
　6　乳児期の運動あそびの実際　46
　　　（1）運動あそびの留意点　46
　　　（2）各発達段階の運動あそび　46
　【コラム】高這い（クマさん歩き）のすすめ　50

第5章　幼児体育とは　51

　1　幼児体育とは　51
　2　体育あそびと運動あそび　52
　3　幼児体育のねらい　52
　4　幼児体育の指導法　53
　　　（1）指導の方法　53
　　　（2）指導のテクニック　53
　5　幼児体育の指導内容　54
　　　（1）基本運動スキル（Fundamental movement skills）　54
　　　（2）知覚運動スキル（Perceptual-motor skills）　54
　　　（3）動きの探究（Movement exploration）　54

（4）リズム（Rhythms） 55
　　　（5）体操（Gymnastics） 55
　　　（6）簡易ゲーム（Games of low organization） 55
　　　（7）水あそび・水泳（Swimming） 55
　　　（8）健康・体力づくり（Health related fitness） 55
　【コラム】背倒立（スカイツリー）のすすめ 56

第6章　運動発現メカニズムと運動発達　57

　1　運動発現 57
　　　（1）中枢神経と末梢神経 58
　　　（2）随意運動と不随意運動 58
　　　（3）運動発達 59
　　　（4）幼児期の運動と運動能力 60
　2　運動時に育つ能力 60
　　　（1）基礎的な運動スキル 60
　　　（2）身体認識力 61
　　　（3）空間認知能力 61
　【コラム】公園での安全な遊び方 62

第7章　幼児体育指導上の留意事項　63

　1　安全環境への配慮 63
　　　（1）園庭・運動場における安全の確保 63
　　　（2）運動中の注意 64
　　　（3）動線への配慮 64
　2　指導上の留意点 64
　　　（1）してみたい，楽しいと思える教材を準備する 65
　　　（2）発育・発達に沿った系統性のある教材を工夫する 65
　　　（3）わかりやすい，イメージしやすい言葉かけをする 65
　　　（4）結果にこだわらず，ほめる言葉かけをする 65
　　　（5）安全への配慮をする 65
　3　服装教育 66
　　　（1）事故の原因の4分類 66
　4　靴教育 67
　　　（1）運動靴（外履き）の選び方 67
　　　（2）室内靴（上履き）の選び方 68
　　　（3）正しい履き方と誤った履き方 69

第8章　障がい児の体育指導　71

　1　障害の分類 71
　　　（1）障害の分類 71

（2）関係部署との連携と指導計画書作成について　72
　　2　発達障がい児の特性について ———————————————————— 72
　　　（1）自閉症の定義　73
　　　（2）アスペルガー症候群の定義　73
　　　（3）ADHD（注意欠陥／多動性障害）の定義　73
　　　（4）LD（学習障害）の定義　74
　　3　身体感覚が弱い子どもたち ——————————————————— 74
　　　（1）自分のからだを知る　74
　　　（2）社会性の発達への影響　75
　　　（3）体験を通した学び　75
　　4　運動あそびの留意事項 ————————————————————— 76
　　　（1）子どもの意欲や満足感を大切に　76
　　　（2）運動あそびの留意点・具体的な運動あそび　76
　　　（3）環境・かかわり方の工夫　77
　　【コラム】運動に関する調査の仕方・レポートの書き方 ———————— 78

第9章　体力・運動能力とは　79

　　1　体力とは ——————————————————————————— 79
　　　（1）行動体力　79
　　　（2）防衛体力　80
　　2　運動能力とは ————————————————————————— 80
　　3　体力・運動能力の低下 ————————————————————— 82
　　　（1）子どもを取り巻く環境の変化　82
　　　（2）子どものあそびの変化　83
　　4　電子媒体が及ぼす子どもへの影響 ———————————————— 84
　　5　体力・運動能力測定 —————————————————————— 85

第10章　体格，体力・運動能力の測定・評価　87

　　1　測定と評価 —————————————————————————— 87
　　2　測定する上での留意点 ————————————————————— 88
　　　（1）言葉の理解　88
　　　（2）からだの発育・発達状況　89
　　　（3）最大努力　89
　　　（4）動機づけについて　89
　　3　測定と評価の基礎 ——————————————————————— 90
　　　（1）妥当性　90
　　　（2）信頼性　90
　　　（3）客観性　93
　　　（4）実用性　93
　　　（5）評価基準の有無　93

第11章　運動と安全管理，応急処置の実際　　95

 1 運動前の体調の確認と運動中の観察 ―――― 95
 2 落ちついて対応しよう ―――― 96
 3 けがの手当て ―――― 96
  （1）外　傷　96
  （2）鼻出血　97
  （3）突き指や捻挫　98
  （4）頭部外傷と頭部打撲　98
  （5）熱中症の予防と対応　99

第12章　物的な環境づくりと場の環境づくり　　101

 1 遊具，運動器具などを使った物的な運動環境づくり ―――― 101
  （1）移動系の運動　102
  （2）非移動系の運動　102
  （3）平衡（バランス感覚）系の運動　102
  （4）操作系の運動　103
  （5）自由な工夫ができる環境づくり　103
 2 運動を促す場の環境の構成 ―――― 103
  （1）芝生に内在する魅力を生かした環境構成　104
  （2）遊具や運動器具，施設の安全性の確保　105

第13章　幼児体育と小学校体育科の(円滑な)接続のあり方　　107

 1 現状と課題 ―――― 107
 2 幼児期にとっての体育 ―――― 109
 3 連続性と一貫性を踏まえた教育課程 ―――― 111
  （1）発達段階を踏まえた接続期カリキュラム構成のあり方　111
  （2）接続期カリキュラムにおける指導のあり方　113
  （3）接続カリキュラムの実際　115
 【コラム】学校体育との連携を目通した幼児期の運動指導上の工夫 ―――― 116
 【コラム】様々な子どもへのアプローチ ―――― 117

〔実践編〕

第14章　準備運動と整理運動　　121

 1 上肢の運動 ―――― 121
  （1）屈伸運動　121
  （2）挙振運動　122
  （3）回旋運動　122
 2 下肢の運動 ―――― 122
  （1）屈伸運動　122

目 次

  (2) 前後への振り上げ 122
  (3) 左右への振り上げ 122
  (4) ジャンプ 123
 3 首の運動 ─────────────────────────── 123
  (1) 前後の運動 123
  (2) 左右の運動と左右にひねる運動 123
  (3) 首の回旋 123
 4 胸の運動 ─────────────────────────── 123
  (1) 左右に開く運動 123
  (2) 上下の運動 124
 5 体側の運動 ───────────────────────── 124
  (1) 左右の運動 124
  (2) 2人組での運動 124
 6 背腹の運動 ───────────────────────── 124
  (1) 前後の運動 124
  (2) ブリッジの運動 125
 7 胴体の運動 ───────────────────────── 125
  (1) 左右の運動 125
  (2) からだの回旋 125
 【コラム】幼児体育指導時の身だしなみ ──────────────── 126

第15章 からだを使った体育あそび　127

 1 仲間づくりあそび ─────────────────── 127
  (1) 仲間づくりあそびとは 127
  (2) 力をあわせる仲間づくり 128
 2 鬼あそび ─────────────────────────── 128
  (1) 鬼あそびとは 128
  (2) 鬼あそびの分類 128
  (3) 鬼あそびの留意点 129
  (4) 鬼あそびの実際 130
 3 体力づくり運動 ───────────────────── 130
  (1) 仲間と力をあわせる体力づくり運動 131
 4 キッズヨガ ───────────────────────── 132
  (1) キッズヨガとは 132
  (2) キッズヨガを導入する理由 132
  (3) 幼児期におけるヨガのねらい 132
  (4) 指導のポイント 133
  (5) ヨガポーズ 133
 【コラム】保育者の運動あそび指導におけるポイント ────────── 136

第16章　用具を使った体育あそび　　137

1. ボールあそび ……… 137
2. フープあそび ……… 138
3. 縄あそび ……… 139
4. タオルあそび ……… 140
5. 新聞紙あそび ……… 141
6. レジ袋あそび ……… 143
7. ペットボトルあそび ……… 144
8. 風船あそび ……… 144

第17章　移動遊具を使った体育あそび　　147

1. マットあそび ……… 147
   - （1）ゆりかご　147
   - （2）前　転　148
   - （3）マット跳び越し　149
2. 跳び箱あそび ……… 149
   - （1）カエル跳び越し　149
   - （2）跳び箱を使っての跳び越し　150
3. 平均台あそび ……… 151
   - （1）平均台運動　151
   - （2）平均台の上を歩こう　152
   - （3）四肢を使って　153
   - （4）ゲーム的なもの　153
4. 保育実践の紹介 ……… 154
   - （1）平均台あそび　154
   - （2）マットあそび　155
   - （3）跳び箱あそび　156

第18章　固定遊具を使った体育あそび　　157

1. 鉄　棒 ……… 158
2. ジャングルジム ……… 159
3. すべり台 ……… 159
4. クライミングウォール ……… 160
5. ぶらんこ ……… 160
6. うんてい ……… 161
7. 総合遊具 ……… 161
8. 保育実践の紹介 ……… 162
   - （1）鉄棒をするにあたって　162
   - （2）うんていをするにあたって　163
   - （3）ジャングルジムをするにあたって　163

（4）総合遊具をするにあたって　164

第19章　環境づくりと体育あそび　165

1　コーナーあそび　165
（1）いろいろボウリング　165
2　組み合わせあそび　166
（1）忍者の修行　166
3　障害物あそび　167
（1）くじでGo！　167
4　サーキットあそび　168
（1）忍者サーキット　168
5　保育実践の紹介　171
（1）4つの運動スキルについて　172
（2）運動プログラムの立案　172

第20章　運動会種目　175

1　競技種目　175
（1）はさんで遊ぼう　176
（2）洗濯競争　177
（3）からだジャンケン　178
2　レクリエーション種目　178
（1）バルーンあそび　179
3　表現・リズム種目　180
（1）種目のねらいを明確にもつ　180
（2）動きを引き出すための言葉がけを工夫する　180
（3）動きづくりはシンプルにする　181
（4）使用する音楽を十分に理解する　181
（5）道具や衣装を使って動きを引き立てる　182

第21章　小学校体育につながる幼児期の体育あそび　183

1　小学校体育につながる幼児期の体育あそびの実際　183
（1）就学前期の体育あそびを考える背景　183
（2）就学前期の発達と体育あそび　184
2　幼児期の体育指導上の工夫と実際　185
（1）多様なバリエーションと調整力を高める工夫　185
（2）運動有能感を形成する工夫　186

資　料　体力・運動能力測定方法　189
索　引　193

概　論

1　運動の役割と効果

　今日，都市化が進むにつれ，子どもたちの活動できる空間が縮小されるとともに，からだ全体を十分に動かす機会も非常に少なくなってきた。転んだときに咄嗟に手をつくという防御動作がなかなかとれず，顔面に直接けがをする子どもたちが増えてきた。日頃，十分に運動している子どもであれば，うまく手をついて，けがをしないように転ぶことができる。ところが，運動不足で反射神経が鈍っていると手のつき方も不自然になり，まるで発作でも起きたかのようにバターッと倒れ，骨を折りかねない。また，ボールがゆっくりと飛んできても，手でよけたり，からだごと逃げたりできないので，ボールが顔にまともにあたってしまう。このように，日頃運動をしていない子どもたちは，自分にふりかかってくる危険がわからず，危険を防ぐにはどうすればよいかをからだ自体が経験していない。

　子どもというものは，運動あそびや各種運動の実践を通してからだをつくり，社会性や知能を発達させていく。中でも，からだのもつ抵抗力が弱く，病気にかかりやすい幼児に対しては，健康についての十分な配慮が欠かせないことは言うまでもないが，そうかといって，「カゼをひいては困るから外出させない」「紫外線にあたるから，外で遊ばせない」というように，まわりが大事を取り過ぎて，幼児を運動から遠ざけてしまうと，結果的に幼児を運動不足にし，健康上，マイナスを来してしまう。

　この時期に，運動を敬遠すれば，全身の筋肉の発達も遅れ，平衡感覚も育成されにくくなる。とくに，背筋力の低下が目立つといわれている現在では，運動経験の有無が幼児の健康に大きな影響を与えることになる。それにもかかわらず，現実は，ますますからだを動かさない方向に進んでいるといえる。

　幼児にとっての身体活動や運動は，単に体力をつくるだけではない。人間として生きていく能力や，人間らしい生き方の基盤をつくっていく。しかし，基

概 論

　礎体力がないと，根気や集中力を養うことができない。少々の壁にぶつかっても へこたれず，自分の力で乗り越えることのできるたくましい子どもに成長させるためには，戸外で大勢の友だちといっしょに，伸び伸びと運動をさせることが大切である。活発な動きを伴う運動あそびや運動を長時間行う子どもは，自然に持久力育成の訓練をし，その中で呼吸循環機能を改善し，高めていく。さらに，力いっぱい動きまわる子どもは，筋力を強くし，走力もすぐれてくる。また，からだを自分の思うように動かす調整力を養い，総合的に調和のとれた体力も身につけていく。

　体力・健康の増進というと，肉体的な面にすぐ目が向けられがちだが，精神的発達や知的発達と密接に結びついていることを忘れてはならない。

　外の世界に対して，積極的，かつ能動的に働きかけるようになり，生きる意欲も高まり，ひいては健康も増していく。逆に何もしないと，体力は弱まり，気力も衰える。病気がちでは，内向的にもなりやすい。健康であれば，自信もつくし，冒険心もついてくる。このように，性格形成にも大きく影響を与えるので，早期における健康・体力づくりは，大変重要だといえるだろう。

　幼児が行う運動は，それが非常に簡単なものであっても，発達した脳の活動なしには決して行えるものではない。人間が生きている限り，身体活動は必須であり，それによって，発育・発達をし，生命を維持することができるからである。つまり，幼児期は，少しずつではあるが，身体活動の促進により，自己の生活空間を拡大し，社会性や情緒面の諸能力を可能なかぎり助長しているわけである。

　このような身体活動の積極的な促進は，人間としての統合的な発達の上で重要な役割を果たしてくれる。もし，発育期の最大の刺激となる身体活動がなされていないならば，子どもの潜在的能力が十分に発揮されないことになる。

　いずれにしても，発達刺激としての運動を実践することは，身体的発達を助長し，さらに，情緒的な発達，社会的態度の育成，健康・安全を配慮する能力などを養い，人間形成に役立っていく。

2　現代の子どもたちが抱える問題

　子どもたちは，夜，眠っている間に，脳内の温度を下げて身体を休めるホルモン「メラトニン」や，成長や細胞の新生を助ける成長ホルモンが脳内に分泌されるが，今日では，夜型化した大人社会のネガティブな影響を受け，子どもたちの生体のリズムは狂いを生じている。不規則な生活になると，カーッとなったり，イライラして集中力が欠如し，対人関係にまで問題を生じて，気力が

感じられなくなったりしている。生活リズムの崩れは，子どもたちのからだを壊し，それが，学力や体力の低下，心の問題にまで，ネガティブな影響を与えているのである。

3 研究からの知見と提案

子どもと保護者の生活調査や生活リズム研究を通して，わかってきたことを，整理してみる。

① 年齢が低く，体力の弱い幼少児は，午前中のあそびだけで，夜には心地よい疲れを誘発し，早く眠くなるが，加齢に伴って体力がついてくると，午前中のあそびだけでは疲れをもたらさず，遅くまで起きていられる。もう1つ，午後のあそびによる運動刺激が必要である。とりわけ，午後3時頃からの積極的な運動あそびで，しっかり運動エネルギーを発散させ，情緒の解放を図っておくことが，夜の入眠を早める秘訣である。

② 夕食の開始が午後7時を過ぎると，就寝が午後10時をまわる確率が高くなる。子どもには，午後6時～7時頃までに夕食を始めさせるのがお勧めである。

③ 朝，疲れている子どもは，前日のテレビやビデオの視聴時間が長く，夜，寝るのが遅い。そして，睡眠時間が短く、日中の運動量が少ない。そういった子どもの実態をみると，夜は物とのかかわりをしており，その母親のメールの実施時間は長く，母子のふれあい時間が少ないのが特徴である。

④ 夜8時になったら，環境を暗くし，夜を感じさせて，眠りへと導く。テレビのついた部屋は，光刺激が入るので眠れない。電気を消して部屋を暗くすることが大切である。

⑤ 朝になったら，カーテンをあける習慣をつくる。朝には，陽光を感じさせ，光刺激で目覚めさせる。

4 午後あそびのススメ

子どもたちの体温が最も高まって，心身のウォーミングアップのできる午後3時頃から，戸外での集団あそびや運動が充実していないと，発揮したい運動エネルギーの発散すらできず，ストレスやイライラ感が鬱積されていく。

そこで，日中は，室内でのテレビ・ビデオ視聴やテレビゲームに替わって，太陽の下で十分な運動あそびをさせて，夜には心地よい疲れを得るようにさせ

ることが大切である。低年齢で,体力が弱い場合には,午前中にからだを動かすだけでも,夜早めに眠れるようになるが,体力がついてくる4〜5歳以降は,朝の運動だけでは足りない。体温の高まるピーク時の運動も,ぜひ大切に考えて,子どもの生活の中に取り入れてもらいたい。

中でも,子どものからだを整えるポイントは,① 体温がピークになる午後3時〜5時頃に,しっかりからだを動かす。② 夕食を早めに食べて,夜8時頃には寝るようにする。遅くとも,午後9時頃までには寝るように促す。③ 朝7時前には起きて,朝食をとり,ゆとりをもって排便する。④ 午前中も,できるだけ外あそびをする。

つまり,生活リズムの整調のためには,運動あそびの実践が極めて有効であり,その運動あそびを生活の中に積極的に取り入れることで,運動量が増して,子どもたちの睡眠のリズムは整い,その結果,食欲は旺盛になる。健康的な生活のリズムの習慣化によって,子どもたちの心身のコンディションも良好に維持されて,心も落ち着き,カーッとキレることなく,情緒も安定していく。

ところが,残念なことに,今はそういう機会が極端に減ってきている。この部分を何とかすることが,私たち大人に与えられた緊急課題である。生活は,1日のサイクルでつながっているので,生活時間の1つが悪くなると,どんどん崩れていく。しかし,生活の節目の1つ(とくに運動場面)がよい方向に改善できると,次第にほかのこともよくなっていく。

そのために,身体活動や運動を取り扱う就学前施設(保育園,幼稚園,認定こども園をいう)の先生方,社会体育指導者,幼児体育指導者の皆さんに,期待される事柄は非常に大きいものがあるといえる。

5 親子ふれあい体操のススメ

乳幼児期から親子のふれあいがしっかりもてて,かつ,からだにもよいことを実践していくために,1つの提案がある。それは,「親子体操」の実践である。まず,親子でからだを動かして遊んだり,体操をしたりする,運動の機会を,日常的に設けるのだ。子どもといっしょに汗をかいてもらいたい。子どもに,お父さんやお母さんを独り占めにできる時間をもたせてもらいたい。保護者の方も,子どもの動きを見て,成長を感じ,喜びを感じてくれることだろう。他の家族がおもしろい運動をしていたら,参考にしてもらいたい。子どもがんばっていることをしっかりほめて,自信をもたせよう。子どもにも,動きを考えさせて創造性を培ってもらいたい。

動くことで,お腹がすき,食事が進む。夜には,心地よい疲れをもたらして

くれ，ぐっすり眠れる。親子体操の実践は，食事や睡眠の問題改善にしっかりつながっていくのである。親子体操は，これまでに，いろいろなところで取り組まれている内容である。しかし，それらを本気で実践するために，地域や社会が，町や県や国が，本気で動いて，大きな健康づくりのムーブメントをつくるのだ。こんな体験をもたせてもらった子どもは，きっと将来，運動にも楽しく取り組んで，さらに家族や社会の人々とのコミュニケーションがしっかりとれる若者に成長していくはずである。

急がば回れ，乳幼児期からの生活やふれあい体験，とくに運動体験とそのときに味わう感動を大切にしていこう。

6 運動の必要性

子どもたちの脳や自律神経がしっかり働くようにするためには，まずは，子どもにとっての基本的な生活習慣を，大人たちが大切にしていくことが基本である。その自律神経の働きを，より高めていくためには，

① 子どもたちを，室内から戸外に出して，いろいろな環境温度に対する適応力や対応力をつけさせること。

② 安全なあそび場で，必死に動いたり，対応したりする「人と関わる運動あそび」をしっかり経験させること。つまり，安全ながらも架空の緊急事態の中で，必死感のある運動の経験をさせること。具体的な運動例をあげるならば，鬼ごっこや転がしドッジボール等の楽しく必死に行う集団あそびが有効である。

③ 運動（筋肉活動）を通して，血液循環がよくなって産熱をしたり（体温を上げる），汗をかいて放熱したり（体温を下げる）して，体温調節機能を活性化させる刺激が有効である。これが，体力を自然と高めていくことにつながっていく。

また，日中に運動をしなかったら，体力や生活リズムはどうなるのか。生活は，1日のサイクルでつながっているので，生活習慣（生活時間）の一つが悪くなると，他の生活時間もどんどん崩れていく。逆に，生活習慣（時間）の一つが改善できると，次第にほかのこともよくなっていく。

つまり，日中，太陽の出ている時間帯に，しっかりからだを動かして遊んだり，運動をしたりすると，お腹がすき，夕飯が早くほしいし，心地よく疲れて早めの就寝へと向かう。早く寝ると，翌朝，早く起きることが可能となり，続いて，朝食の開始や登園時刻も早くなる。朝ごはんをしっかり食べる時間があるため，エネルギーも得て，さらに体温を高めたウォーミングアップした状態

概論

で，日中の活動や運動が開始できるようになり，体力も自然と高まる良い循環となる。

　生活を整え，体力を高めようと思うと，朝の光刺激と，何よりも日中の運動あそびの取り組みは有効である。あきらめないで，問題改善の目標を一つに絞り，一つずつ改善に向けて取り組んでいこう。必ずよくなっていく。「一点突破，全面改善」を合言葉に，がんばっていこう。

7　子どもの発育・発達

　出生時の体重は約3kgで，男の子の方がやや重い特徴がある。出生時の体重が2.5kg未満の乳児を低出生体重児，1kg未満の乳児を超低出生体重児という。体重は，3～4か月で約2倍，生後1年で約3倍，3歳で4倍，4歳で5倍，5歳で6倍と変化する。出生時の身長は約50cm，生後3か月の伸びが最も顕著で，約10cm伸びる。生後1年間で，24～25cm，1～2歳の間で約10cm，その後，6～7cmずつ伸び，4～5歳で出生時の約2倍に，11歳～12歳で約3倍になる。

　運動の発達は，直立歩行ができるようになり，様々な方法で移動し，次第に，腕や手が把握器官として発達していく。まず，生まれてから2か月ほどで，回転運動（寝返り），そして，這いずりを経験する。6か月頃には，一人でお座りができ，8か月頃には，這い這いができ，胴体は床から離れる。伝い立ち，伝い歩き，直立歩行が可能となるが，人的環境の積極的な働きかけがあってこそ，正常な発達が保障されるということを忘れてはならない。

　そして，小学校に入学する頃には，人間が一生のうちで行う日常的な運動のほとんどを身につけていく。この時期は，強い運動欲求はあるが，飽きっぽいのが特徴である。

8　発達の順序性

　人間の成長には，一定の順序性や方向性があり，「頭部から身体の下の方へ」「中心部分から末梢部分へ」「粗大運動から微細運動へ」にそって進行する。発育・発達には，ある一定の連続性があり，急速に進行する時期と緩やかな時期，また，停滞する時期がある。

　運動機能の発達は，3つの特徴が考えられる。
　①　頭部から下肢の方へと，機能の発達が移っていく。
　②　身体の中枢部から末梢部へと，運動が進む。

③ 大きな筋肉を使った粗大な運動しかできない時期から，次第に分化して，小さな筋肉を巧みに使える微細運動や協調運動が可能となり，意識（随意）運動ができるようになる。

9 幼児期の発育・発達と運動

　幼児期では，神経型だけがすでに成人の約90％に達しているのに対し，一般型の発育はきわめて未熟である。幼児期は，感覚・神経の機能を中心とした協応性や敏捷性，平衡性，巧緻性などの調整力を身につける動作の習得を運動あそびの中で学習する必要がある。幼児の段階では，筋肉や骨格が，まだ成人の約30％の発育量を示すに過ぎないからといって，筋力を使う運動をしてはいけないと誤解してはいけない。それぞれの年齢に応じた筋力は，身につけることが必要である。

　運動機能の向上を考える場合，第1に器用な身のこなしのできることを主眼とし，はじめは，細かい運動はできず，全身運動が多く，そして，4～5歳くらいになると，手先や指先の運動が単独に行われるようになる。

　5～6歳になると，独創的発達が進み，さらに，情緒性も発達するため，あそびから一歩進んで体育的な運動を加味することが大切になっていく。競争や遊戯などをしっかり経験させて，運動機能を発達させよう。

　幼児期では，運動能力，とくに大脳皮質の運動領域の発達による調整力の伸びがはやく，性別を問わず，4歳頃になると急に走・跳・投の能力が身についてくる。これは，脳の錘体細胞が4歳頃になると，急に回路化して動作スキルが獲得しやすくなり，それに伴い筋肉や骨格も発達していくためであろう。

　発育・発達は，それぞれの子どもによって速度が異なり，かなりの個人差のあることをよく理解しておかなくてはならないし，運動機能の発達は，単に「できる」「できない」のみで判断してもいけない。

　児童期になると，からだをコントロールする力である調整力が飛躍的に向上する。乳幼児期からの著しい神経系の発達に筋力の発達が加わり，構造が複雑な動作や運動が可能となる。スポーツ実践においても，乳幼児期に行っていたあそびから進化して，ルールが複雑なあそびや，より組織的な運動やスポーツ，体育的なプログラムを加味した体育あそびに変化していく。

10 運動発現メカニズム

　幼児期は，大脳の脳細胞間の連絡回路がしっかりできていないため，知覚・

概論

判断・思考・運動など，高等な動きや情緒をもつことができず，適応行動ができない状態にある。

大脳皮質には，運動の型をつくる能力があり，一定の運動を繰り返すことによって神経繊維が結びつき，脳細胞間で連絡回路ができ，この回路が，運動の型を命令する中枢となる。目的に合う合理的な運動をするためには，感覚系の動きと，運動を命令する中枢神経系の働きとが重要である。

例えば，自転車に乗ったことのない人は，いくら手足の神経や筋肉が発達していても，自転車にはじめから上手に乗れない。子どもでも，大脳皮質に自転車乗りに適した回路ができると，その命令で運動神経系や筋系がうまく協調しながら働く。はじめは，バラバラである運動感覚の統合がなされていくのである。

運動には，意識的運動（随意運動）と，意識とは無関係な反射運動（不随意運動）とがある。運動の発現過程は，情報を伝える働きをする5つの感覚器官（視覚，聴覚，嗅覚，味覚，触覚）が外界から刺激を察知し，脳に情報を伝え，認識，分析，調整，判断し，どの筋肉をどのように動かすかの指令を出し，行動を始める。外からの刺激は，受容器（目や耳，手などの感覚器官）によって感じられ，情報として知覚神経系を通り，大脳に達する。大脳では，それらの情報を判断，比較し，決定がなされた後，命令となって脊髄を通り，運動神経系を通って運動を起こす実行器（筋肉）に達する。結果，筋肉が自動調整されながら収縮し，骨を動かして運動を起こす。その結果は，たえず中枢に送られ，フィードバックされていく。

脳が指令を出しただけでは，様々な運動パターンに対応できない。情報を的確に認知し，その指令に従って筋肉を上手にコントロールできる人は，運動神経が優れている人である。的確な指令をすばやく伝達できるか，的外れな指令かによって，同じ目的に向かって筋肉を動かしても，大脳からの指令の違いによって，結果には大きな差が生じる。

はじめての動作は，ぎこちない意識的動作であるが，繰り返すことによってなめらかになり，特別の意識を伴わないででき，しだいに反射的な要素が多くなっていく。機械的で効率的な動きになっていくのである。以上が，運動技術の上達のプロセスである。

子どもが突然，「ひとり歩き」ができないのに「走る」ことができるといった順序を越えて進むことはない。運動機能の発達は，子どもの動作で判断できるため，第三者が観察しやすく，成長・発達の段階も捉えやすい。しかし，そのスピードや評価は，成長・発達に要する時間が違うことを念頭において，成長を見守ることが大切である。

11 体力・運動能力，運動スキルの発達

（1）体力（physical fitness）

　体力とは何かについては，多くの考え方があり，様々な定義がなされているが，ここでは，体力とは，人間が存在し，活動していくために必要な身体的能力であると考えてみよう。つまり，英語の physical fitness という言葉に相当する。このような意味での体力は，大きく2つの側面にわけられる。一つは，健康をおびやかす外界の刺激に打ち勝って健康を維持していくための能力で，病気に対する抵抗力，暑さや寒さに対する適応力，病原菌に対する免疫などがその内容であり，防衛体力と呼ばれる。

　もう一つは，作業やスポーツ等の運動をするときに必要とされる能力で，積極的にからだを働かせる能力であり，行動体力と呼ぶ。

　つまり，体力とは，種々のストレスに対する抵抗力としての防衛体力と，積極的に活動するための行動体力を総合した能力であるといえる。行動体力は，体格や体型などの身体の形態と機能に二分されるが，以下にその機能面について説明する。

1）行動を起こす力

① **筋力（strength）**：筋が収縮することによって生じる力のことをいう。つまり，筋が最大努力によって，どれくらい大きな力を発揮し得るかということで，kgで表す。

② **瞬発力（power）**：パワーという言葉で用いられ，瞬間的に大きな力を出して運動を起こす能力をいう。

2）持続する力

　持久力（endurance）と言い，用いられる筋群に負荷のかかった状態で，いかに長時間作業を続けることができるかという筋持久力（muscular endurance）と，全身的な運動を長時間継続して行う心肺（呼吸循環）機能の持久力（cardiovascular／respiratory endurance）に，大きくわけられる。

3）正確に行う力（調整力）

　いろいろ異なった動きを総合して目的とする動きを，正確に，かつ円滑に，効率よく遂行する能力のことである。

① **協応性（coordination）**：身体の2つ以上の部位の運動を，1つのまとまった運動に融合したり，身体の内・外からの刺激に対応して運動したりする能力を指し，複雑な運動を学習する場合に重要な役割を果たす。
② **平衡性（balance）**：バランスという言葉で用いられ，身体の姿勢を保つ能力をいう。歩いたり，跳んだり，渡ったりする運動の中で，姿勢の安定性を意味する動的平衡性と，静止した状態での安定性を意味する静的平衡性とに区別される。
③ **敏捷性（agility）**：身体をすばやく動かして，方向を転換したり，刺激に対して反応したりする能力をいう。
④ **巧緻性（skillfulness）**：身体を目的に合わせて正確に，すばやく，なめらかに動かす能力であり，いわゆる器用さ，巧みさのことをいう。

4）円滑に行う力

① **柔軟性（flexibility）**：身体の柔らかさのことで，身体をいろいろな方向に曲げたり，伸ばしたりする能力である。この能力が優れていると，運動をスムーズに大きく，美しく行うことができる。
② **リズム（rythm）**：音，拍子，動き，または，無理のない美しい連続的運動を含む調子のことで，運動の協応や効率に関係する。
③ **スピード（speed）**：物体の進行する速さをいう。

（2） 運動能力（motor ability）

　人間の身体発育や体力・運動能力をみると，それらの発達には，一定の法則があることに気づく。例えば，人間の身体の機能は，栄養を与えれば，ある程度の発育や発達はするが，使わなければ萎縮（機能低下）していく。また，使い過ぎれば，かえって機能障害を起こす恐れがある。したがって，正しく使えば発達するということである。
　ここでいう「発育」とは，英語の growth であり，身長や体重といった身体の形態的変化（増大）をいう。また，「発達」とは，英語の development であり，筋力や瞬発力が高まったというような心身の機能的変化（拡大）である。乳児期の運動発達では，神経組織の発育・発達が中心となり，とりわけ，髄鞘の発育が急速に成就され，大きく関与する。また，「運動能力」とは，全身の機能，特に神経・感覚機能と筋機能の総合構成した能力と考えてよい。基礎的運動能力として，走力や跳力，投力があげられ，特に3～5歳では，その伸びが早く，動きが大きいといえる。
　走る運動は，全身運動であるため，筋力や心肺機能（呼吸・循環機能）の発

達と関係が深く，跳躍運動は，瞬発的に大きな脚の筋力によって行われる運動であるから，その跳躍距離の長短は腕の振りと脚の伸展の協応力とも関係が深いといえる。

跳躍距離に関しては，6歳児になると，脚の筋力の発育と協応動作の発達により，3歳児の2倍近くの距離を跳べるようになる。

投げる運動では，大きな腕の力や手首の力があっても，手からボールを離すタイミングを誤ると，距離は伸びない。特に，オーバースローによる距離投げの場合は，脚から手首まで，力を順に伝達し，その力をボールにかけるようにする必要がある。オーバースローによるボール投げは，4歳半以降は，男児の方の発達が女児に比べて大きくなる。

懸垂運動は，筋の持久性はもとより，運動を続けようという意志力にも影響を受ける。幼児期では，運動能力，特に，大脳皮質の運動領域の発達による調整力の伸びがはやく，性別を問わず，4歳頃になると，急速にその力がついてくる。これは，脳の錐体細胞が回路化し，筋肉や骨格もそれにあわせて発達していくからであろう。

(3) 運動スキルと運動時に育つ能力

1) 基本運動スキル (fundamental movement skills)

幼児期にみられる基本の運動スキルは，以下の4つになる。

① **移動系運動スキル** (locomoter skill)：歩く，走る，這う，跳ぶ，スキップする，泳ぐ等，ある場所から他の場所へ動く技術である。

② **平衡系運動スキル** (balance skill)：バランスをとる，渡る等，姿勢の安定を保つ技術である。

③ **操作系運動スキル** (manipulative skill)：投げる，蹴る，打つ，取る等，物に働きかけたり，操ったりする動きの技術である。

④ **非移動系運動スキル** (non-locomoter skill, その場での運動スキル)：ぶらさがったり，その場で押したり，引いたりする等，移動しない動きである。

2) 運動時に育つ能力

① **身体認識力** (body awareness)：身体部分（手，足，膝，指，頭，背中など）とその動き（筋肉運動的な動き）を理解・認識する力である。自分のからだが，どのように動き，どのような姿勢になっているかを見極める力である。

② **空間認知能力** (spacial awareness)：自分のからだと自己を取り巻く

概 論

空間について知り，からだと方向・位置関係（上下・左右・高低など）を理解する能力である。

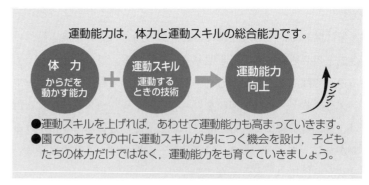

図　体力と運動能力の関係
出典）前橋 明：子どもの健康福祉指導ガイド，大学教育出版，p.60，2017.

12　指導の基本

　子どもの生活はあそびを中心としたものであり，いろいろな運動あそびの中で経験したことを通して，幼児体育の目標である身体的・知的・精神的・情緒的・社会的発達が期待できるが，その活動内容は以下のような基本にそって指導することが望ましい。

（1）ねらい

　幼児期の体育指導の場で大切なことは，運動の実践を通して，運動技能の向上を図ることを主目的とするのではなく，「幼児がどのような心の動きを体験したか」「どのような気持ちを体験したか」という「心の動き」の体験の場をもたせることが最優先とされなければならない。つまり，心の状態をつくりあげるために，からだを動かすと考えていきたい。

（2）環境構成と指導の必要性

① 　子どもが思いっきりからだを使って遊び，楽しかったと思えるような活動的な運動あそびを体験させる。

② 　運動場面には，未知への挑戦や不安，緊張といった様々な情緒が生起する。できるかな，できないかなと思いながら行ってみたとき，これまではできなかった運動ができたときの喜びやうれしかった経験は，子どもにとって大きな自信となり，また行ってみようという，次への意欲とつながる。このような場面に指導者が遭遇したときは，子どもの努力を認め，大

いに賞賛することによって，子どもの自己肯定感が芽ばえていく。
③　競争心が芽ばえる幼児期後期（5～6歳）には，他の子どもたちとの競争だけではなく，自己の記録に挑戦させることも大事になってくる。
④　運動あそびには技術的な向上により，今までにできなかったことができたとき，運動の楽しさや喜びを味わうことができる。
⑤　子どものあそびは，模倣から始まるといえるくらい，自分以外の身近なものや人やキャラクターに変身して，しっかり楽しませるとよい。

（3）刺激となるような運動量の確保と運動動作の獲得

近年，子どもの運動不足が懸念されている。あそびが成立するためには，仲間，空間，時間の3つの要素が必要であるが，健全育成のためには，これら3つの要素に加えて，心育（心を磨く）の刺激が必要である。

運動技能は，自然に獲得できるのではなく，その運動技能を必要とする身体活動を繰り返し行うことによって獲得できるものであり，獲得した技能が上達するのは身体活動の反復を何度も繰り返すことによるものである。幼児期には，この身体活動の繰り返しを，練習ではなく，指導者は子どもたちが運動に対して興味・関心をもち，夢中になり遊び込めるよう，つまり意欲的に関われるような環境を設定する必要がある。

（4）指導内容

指導の内容は，いろいろなあそびを通じて，子どもが運動を楽しく経験できるものであることが大切である。その内容は，偏りのないようにしなければならない。

指導の流れは，一般的には導入，展開，整理の3段階で構成されていく。指導者が具体的に注意すべき事項を，以下に列挙してみる。

①　十分な空間を確保し，まわりの人や物に当たらないかを確認して，安全に始めよう。また，安全についての約束事は，始める前に話し合っておこう。なお，子どもの服装が乱れていれば，安全のため，整えてから始めよう。
②　恐がる子どもに対しては，無理にさせるようなことは避け，また，できないことでも，がんばって取り組んでいるときは，励ましの言葉をしっかりかけてあげよう。
③　指導者は，子どもの興味を引く話し方やわかりやすい言葉遣いを大切にしよう。また，話すときは，子どもの目を見て話すように心がけよう。
④　指導者が子どもに動きを見せるときには，わかりやすく，大きく，元気

に表現することが大切である。そうすると，子どもの方に，してみようという気持ちがでてくる。しかし，子どもは，大人の悪い癖も真似をする。見本に示す動きは，しっかりした正しい動きがよい。とくに，しっかり伸ばすところは伸ばし，曲げるところは十分に曲げることが大切である。

⑤ 笑顔で活動して楽しい雰囲気をつくり，子どもに「楽しさ」を感じさせることが，大きなポイントである。また，指導者もいっしょになって，心から楽しんで活動することと，活動のおもしろさや楽しさを共感することが大切である。

⑥ 大人のからだの大きさや力強さを，子どもに感じさせることも大切である。子どもは，大人の力の強さや頼もしさを実感し，一層信頼して関わってくる。しかし力の加減もしてもらいたい。

⑦ 動きは，簡単で，しかも，しっかりからだを動かせるものがよいが，時々，からだを上下させたり，まわしたりして，方向も変えてみよう。

⑧ 寒いときは，身体が温まるように，動きの多いものにする。

⑨ 課題は，単純なものから複雑なものへ，少しずつ難易度を増すように配慮してもらいたいが，時に，課題を難しくして，適度な緊張感をもたせることは，動きに対して集中させたり，新鮮さをもたせる点で重要である。

⑩ 子どもの工夫した動きや体力づくりにつながるようなよい動きを見つけた場合には，その動きをしっかりほめて，子どもに教育的な優越感を与えよう。

⑪ どうしたら，上手にできるかというアドバイスを与えることも重要であるが，時間を与え，子ども自身に解決策を考えさせることも大切である。

⑫ 子どもがわからないところは，具体的に子どものからだを動かしたり，触ったりして教えると，動きが理解しやすい。

⑬ 一生懸命しようとしている子どもに，しっかりと対応することが大切である。上手にできている場合やがんばっている場合，工夫している場合は，しっかりほめていく。そうすると，子どもはやる気をもったり，ほめられたことで自信につながったりする。

⑭ 身近にある道具や廃材を利用しても，楽しい運動やあそびに役立つことを，子どもに知らせることも大切である。

（5） 指導者に期待すること

子どもたちが健康を維持しながら，心身ともに健全な生活を送っていくようにさせるためには，まず，① 指導者自らが自己の生活を見直して，適度な運動を生活の中に取り入れていくことが大切である。その際，体温リズムを理解

したうえで、子どもたちに日中の運動あそびを奨励し、充実させてもらいたい。

そして、② 手軽にできる運動あそびを、子どもたちといっしょに、実際に行って汗をかいてもらいたい。また、③ 子どもが遊びたくなる園庭づくりを工夫したり、④ テレビ・ビデオ視聴に打ち勝つ運動あそびの魅力や楽しさを感動体験として味わわせたり、⑤ お迎え時を利用して、親と子がふれあうことのできる簡単な体操を紹介して、家庭での実践につなげてほしい。

そのためにも、日頃から運動指導に関する研修会に積極的に参加し、指導者としての研鑽(けんさん)を積んでいただきたい。要は、子どもの健全育成を図っていくためには、指導者層に「運動・栄養・休養」の必要性や、規則正しい生活リズムづくりの重要性のわかる人が、一人でも多く増えていくことが大切なのである。人間は、本来、太陽が昇ったら起きて活動し、太陽が沈んだら眠るが、昼も夜もない夜型社会になって、子どもたちのからだの方の対応が追いつかなくなってきた。そのために、今の子どもたちは、乳児期から睡眠のリズムが乱されていることと、生活環境の近代化・便利化によってからだを使わないですむ社会になってきたことで、からだにストレスをためやすい状況になっている。したがって、子どもにとって、太陽のリズムに合わせた生活を大切にし、昼間にはしっかり陽光刺激を受けさせて、戸外で運動あそびをさせたいものである。

13　外で安全に遊ぶための工夫

(1) 戸外で安全に遊ぶための工夫

今日、子どもたちが、どうすれば安全に、外で元気に遊ぶことができるのかを考えてみたい。

子どもたちが戸外で安全に遊べるための工夫を、表（次頁）にまとめた。

保護者と子どもとの間で、外で遊ぶときのルールを決め、子どもたちが被害にあわないように予防策を話し合うことや、地域の方々との交流や大人の見守りにより、子どもたちに安全な遊び場を提供していくことで、子どもたちが元気に外で遊ぶことができるだろう。

(2) 安全に遊ぶための約束

① 靴は脱げないように、しっかり履いて遊ぶ。
② マフラーはとって遊ぶ。
③ ひも付き手袋はとる。

表　戸外で安全に遊べるための工夫

保護者の配慮	① 子どもたちのあそび場を見守る。 ② 防犯と被害対策の教育をする。 ③ 子どもの居場所を把握しておく。 ④ 日頃から近所づきあいをする。 ⑤ 休日は子どもと遊ぶ。 ⑥ 子どもとの間で安全上のルールをつくる。
子どもたちの心得	① 「いってきます」「ただいま」のあいさつをする。 ② 行き場所を伝えてからあそびに行く。 ③ 危険な場所を知っておく。 ④ 一人で遊ばない。 ⑤ 明るい場所で遊ぶ。 ⑥ 人通りの多い所で遊ぶ。 ⑦ 家族との約束事を守る。
学校の配慮	① 安全マップを作り，危険個所を子どもに教える。 ② 校庭を開放する。 ③ 校庭の遊具を充実させる。 ④ 地域や保護者と情報を交換する。 ⑤ 仲間を思いやれる子を育てるために，道徳教育を充実させる。 ⑥ 幼児と児童，生徒が関わり，互いを知る機会をつくる。
地域の方々の配慮	① 買い物や散歩時などに，子どものあそび場に目を向ける。 ② 110番の家を把握し，その存在を広める。 ③ 子どもたちとのあそびのイベントを企画し，交流する（困ったときに手をさしのべられる関係づくりをしておく）。
行政の配慮	① 子どもが遊べる公園は，交番や消防署などの安全管理者の勤務地や大人の目が届く場所の近くに設置する。 ② 注意を呼びかけるポスターを作る。 ③ 非常ベルや防犯カメラを公園や遊園地などの子どものあそび場の一角に設置し，安全を見守り，緊急保護をしやすくする。 ④ 不審者の育たない国をつくる（教育に力を入れる）。

④　上着の前を開けっ放しにしないようにする。
⑤　かばんは置いて遊ぶ。
⑥　道具の上にあがったら，上から物は投げないようにする。
⑦　先生の許可なしに，飛び下りはしないようにする。
⑧　遊具にひもを巻きつけて遊ばない。
⑨　濡れた遊具で，遊ばない。
⑩　壊れた遊具では，遊ばないようにする。壊れているところを見かけたら，壊れていることを，必ず大人に知らせよう。

14 つまずきと子どもへの対応

　つまずきの場面としては，水あそび・水泳，跳び箱，鉄棒，かけっこ，リレー，マラソンごっこ，登り棒，マット運動，ドッジボール，自転車乗り，なわとびの運動場面がよく取り上げられる。子どもの気持ちを無視して，無理なことをさせたり，上手でないのにみんなが集中して見るような場面をつくらない等，子どもがまわりの目を気にせずに活動できる環境づくりが大切である。もし，子どもが失敗したら，皆で励ますことのできる雰囲気づくりと環境設定が大切で，運動が好きになれるようなかかわり方が必要とされる。それには，日頃より，運動することやからだを動かすことの楽しさ，大切さを第一に知らせる指導が必要である。

① できない子どもには，少しでも長く接し，自信がもてるように，成功をいっしょに喜び合うことが大切。具体的には，現段階でその子ができるとされる課題より一段階やさしい課題を与え，それをこなすことができたときに十分にほめ，子どもに，「できた」という達成感を味わわせる。

② 運動の苦手な子どもであっても，その子の長所を見つけ，そのよい点を他児に紹介することで，自信をつけさせる。子どもたちは，ほんのちょっとしたことでも，悩んだり，傷ついたりするもので，指導者が悩んでいる子どもの気持ちに気づかないと，つまずいてしまった子どもは，ずっと，そのときの嫌な気持ちのままでいることが多い。子どもの方が，自分でよい方向に転換できればよいが，幼児では，まだ自分自身で気持ちや姿勢の転換を図ることは難しい。

　したがって，まわりの大人の理解と援助が大切といえる。まず，子どもが，こなせなくても，一生懸命にがんばっていたら，そのことをほめてあげたり，励ましたりして，気持ちをプラス方向へもっていくことが重要である。できないときも，できないことが悪いのではないことと，恥ずかしがらずに何回も練習をくり返すことの大切さを指導していけばよいといえる。そうしていくうちに，たとえできなくても，がんばってするだけで，何かをやり遂げたという満足感が得られたと感じられるようになるだろう。

　とにかく，幼児期は，自由に飛んだり跳ねたりできるようになる頃だが，まだまだ思うようにからだを動かせないことが多い。したがって，このような時期には，運動を上手にすることよりも，からだを動かすこと自体が楽しいと思えるように育てることが大切である。この時期に，運動に対する苦手意識をもたせることは，子どもたちのこれからの運動に対する取り組みを消極的なもの

にしかねない。

　また，指導者は子どもといっしょにからだを動かしたりすることが必要である。運動を得意ではない子どもであっても，からだを動かして汗をかくことは好きなので，からだを動かしていろいろな楽しみを経験させてやりたいものである。それも，指導者側は，子どもといっしょに動いて同じ汗を流すことが大切で，指導者の資質としては，子どもといっしょにできることをどれだけ身につけているかが問われるのである。

　要は，つまずきへの対策として，指導者は，できるだけ子どもの気持ちの理解に努め，勝敗や記録にこだわるのではなく，運動の楽しさを伝えられるような指導のしかたを工夫していくことが必要といえる。

●演習課題

課題1：近年の子どもたちが抱えている・抱えさせられている，健康管理上の問題を考え，改善策を検討してみよう。

課題2：なぜ運動が幼児期に大切なのかを話し合ってみよう。

課題3：幼児期の体育指導の場で大切なことを話し合ってまとめてみよう。

課題4：安全に遊ぶための約束事をいろいろな環境ごとに整理してみよう。

理論編

第1章 近年の子どものからだの異変とその対策

　近年，登園後に，遊ばずにじっとしている子どもや，集中力や落ち着きがなく，すぐにカーッとなる子どもの姿が目につくようになってきた。
　子どもにとって，太陽のリズムに合わせた生活を大切にしてやり，昼間にはしっかり太陽刺激を受けさせて，戸外で活動させることである。今の子どもには，運動が絶対に必要である。大人が意識して，運動の機会を設けていくことが欠かせない。

1 遅い就寝

　21世紀に入り，保育園幼児の就寝時刻が平均して午後9時50分を過ぎたのに対し，幼稚園幼児は午後9時30分過ぎになった[1]。保育園幼児は，幼稚園幼児よりも約20分，寝るのが遅く，また，午後10時以降に就寝する子どもたちも4割を超えた。地域によっては，5割を超えたところも出てきた。育児の基本である「早寝」が大変困難になってきている。なぜ，子どもたちは，そんなに遅くまで起きているのだろうか。

　午後10時以降の活動で最も多いのは，「テレビ・ビデオ視聴」であった。テレビを正しく見ることについて，保護者の意識を高めると同時に，幼児をなるべく早くテレビから離すべきだろう。同時に，外食や親の交際のために，子どもたちを夜間に連れだすことも控えてもらいたい。

　9時間程度しか眠らない幼児は，翌日に精神的な疲労症状を訴えること[2]や力が十分に発揮されないこと[3]（図1-1）が明らかにされている。やはり，夜には，10時間以上の睡眠時間を確保することが，翌日の元気さ発揮のためには，欠かせない。最もよいのは，午後9時より前に寝て，午前7時より前に起床する「早寝・早起きで10時間以上の睡眠をとった子どもたち」である。

　朝食をきっちりとらない子どもも心配である。幼稚園幼児で約5％，保育園幼児で約15％の幼児が欠食しており，イライラ感を訴えることも多い。朝食を

1）前橋 明ほか：乳幼児健康調査結果（生活・身体状況）報告，運動・健康教育研究12(1), pp.69-143, 2002.

2）前橋 明・石井浩子・中永征太郎：幼稚園児ならびに保育園児の園内生活時における疲労スコアの変動，小児保健研究56(4), pp.569-574, 1997.

3）前橋 明：子どもの生活リズムの乱れと運動不足の実態，保健室87, pp.11-21, 2000.

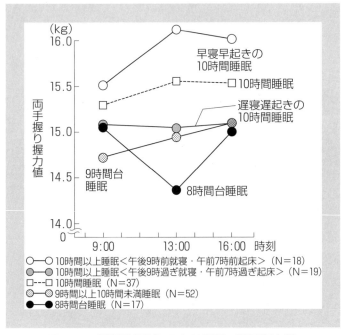

図1-1　睡眠時間別にみた5歳児の両手握力値
出典）前橋 明編著：幼児体育 理論編，大学教育出版　p.23，2017.

食べても，朝食の開始時刻が遅く，食事量が少ないため，排便をすませて登園する子どもが3割にも満たない状況になっている。また，テレビを見ながら食事をしたり，1人での食事になっていたり，この習慣は，マナーの悪さや集中力のなさ，そしゃく回数の減少のみならず，家族とのふれあいの減少にまでつながる。せめてテレビを消して食事をする努力が必要であろう。

保護者の悩みとして，子どもの睡眠不足のほかに，肥満や偏食，疲労，運動不足も多くあげられているが，こうした悩みは，生活の中に運動を積極的に取り入れることで，解決できそうである。運動量が増せば，心地よい疲れをもたらして睡眠のリズムが整い，食欲は旺盛になる。これらの習慣化によって，登園してからの幼児の心身のコンディションも良好に維持される。

何よりも，起床時刻や朝食開始時刻の遅れを防ぐには，就寝時刻を少しずつ早めるべきである。これによって，朝の排便が可能となる。そして，子どもたちが落ちついて，生活を送ると同時に，豊かな対人関係を築くことができるようになっていく。

2　生活リズムの乱れ

起床，食事に始まり，活動（あそび・勉強など），休憩，就床に至る生活行動を，私たちは毎日，周期的に行っており，そのリズムを「生活リズム」と呼んでいる。私たちのまわりには，いろいろなリズムが存在する。例えば，朝，目覚めて夜眠くなるという生体のリズム，郵便局の多くが午前9時に営業を始めて午後5時に終えるという「社会のリズム」，日の出と日の入という「太陽と地球のリズム」等があり，私たちは，それらのリズムとともに生きている。

原始の時代においては，「太陽と地球のリズム」が，すなわち，「社会のリズム」であった。その後，文明の発達に伴い，人類の活動時間が延びると，「社

会のリズム」が「太陽と地球のリズム」と合わない部分が増えてきた。現代では，24時間の勤務体制の仕事が増え，私たちの「生活のリズム」も，「社会のリズム」の変化に応じ，さらに変わってきた。

夜間，テレビやビデオに見入ったり，保護者の乱れた生活の影響を受けたりした子どもたちは，睡眠のリズムが遅くずれている。原始の時代から「太陽と地球のリズム」とともに培われてきた「生体のリズム」と子どもたちの生活リズムは合わなくなり，心身の健康を損なう原因となっている。深夜に，レストランや居酒屋などで幼児を見かけるたびに，「午後8時以降は，おやすみの時間」と訴えたくなる。

子どもは，夜眠っている間に，脳内の温度を下げてからだを休めるホルモン「メラトニン」や，成長や細胞の新生を助ける成長ホルモンが分泌されるのだが，今日では，夜型化した大人社会の影響を受け，子どもの生体リズムに狂いが生じている。その結果，ホルモンの分泌状態が悪くなり，様々な生活上の問題が現れている。例えば，「日中の活動時に元気がない」「昼寝のときに眠れない」「みんなが起きるころに寝始める」「夜は眠れず，元気である」といった現象である。これは，生活が遅寝遅起きで，夜型化しており，体温のリズムが普通のリズムより数時間後ろへずれ込んだリズムとなっているということである。そのため，朝は，眠っているときの低い体温で起こされて活動を開始しなければならないため，ウォーミングアップのできていない状態でからだが目覚めず，動きは鈍い（図1-2）。

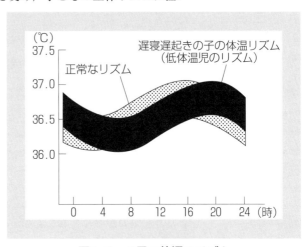

図1-2　1日の体温のリズム
出典）前橋 明：子どもの心とからだの異変とその対策について，幼少児健康教育研究10(1)，pp.3-18，2001．

逆に，夜になっても体温が高いため，なかなか寝つけず，元気であるという悪循環を生じている。さらに，36℃台に収まらない低体温や高体温という体温異常の問題[4]も現れてきている。これは，自律神経の調節が適切に行われていないことを物語っており，もはや「国家的な危機」といえる。幼児の生活リズムの基本として，就寝は遅くとも午後9時（できれば，午後8時）頃までに，朝は午前7時頃までには自然に目覚めてもらいたいものである。午後9時に眠るためには，夕食は遅くとも午後7時頃までにとる必要がある。時には夜遅く寝ることもあるだろうが，朝は常に一定の時刻に起きる習慣をつくることが大切である。朝の規則正しいスタートづくりが，何より肝腎なのである。みんな

4）前橋 明：子どもの心とからだの異変とその対策について，幼少児健康教育研究10(1)，pp.3-18，2001．

で，将来の日本を担っていく子どもたちの健康づくりを真剣に考えていかねばならない。今こそ，子どもたちの生活リズムの悪化に歯止めをかけるときである。

3 増える体温異常

近頃，保育園や幼稚園への登園後，遊ばずにじっとしている子どもや，集中力や落ち着きがなく，すぐにカーッとなる子どもが目につくようになった。おかしいと思い，保育園に登園してきた5歳児の体温を計ってみると，36℃未満の低体温の子どもだけでなく，37.0℃を超え37.5℃近い高体温の子どもが増えていた。調査では，約3割の子どもが，低体温か高体温であることがわかった[4]。朝の2時間で体温変動が1℃以上変動する子どもの出現率も増えてきた。

そこで，体温調節がうまくできないのは自律神経の働きがうまく機能していないからと考え，子どもたちの生活実態を調べてみた。すると，「運動・睡眠不足」「朝食を十分にとっていない」「温度調節された室内でのテレビ・ビデオ視聴やゲームあそびが多い」という，生活習慣の乱れと睡眠リズムのずれが主な共通点としてみられた。

保護者からは，不規則な生活になると，「ちょっとできなかったりしただけで，子どもがカーッとなったり，物を投げるようになった」といった話があった。また，先生方からは，「イライラ，集中力の欠如で，対人関係に問題を生じたり，気力が感じられなくなったりしている」といった話があった。生活リズムの崩れは，子どもたちのからだを壊し，それが心の問題にまで影響してきているのだろう。生活のリズムが悪いと，それまで反射的に行われていた体温調節ができにくくなる。

そこで，筆者は「問題解決のカギは運動量にある」と考え，子どもたちを戸外で思いきり遊ばせてみた。その結果，登園時の体温が36℃台と36℃未満の低体温の子どもたちは，午前中の運動あそびによる筋肉の活動で熱を産み，体温が上がった（図1-3）。一方，登園時の体温が37℃以上であった幼児の体温は下がった。低体温の子どもも高体温の子どもも，その体温は，ともに36℃から37℃の間に収まっていった。からだを動かして遊ぶことで，幼児の「産熱」と「放熱」の機能が活性化され，体温調節能力が目を覚ましたのだろう。

つまり，登園時の体温が37℃より低いBとCグループの幼児は，午前中の運動的なあそびの後に，いわゆる筋肉活動を通して産熱し，体温は上昇した。それに対し，登園時に37℃以上のAグループでは，午前中に3,209歩の歩数を確

3 増える体温異常

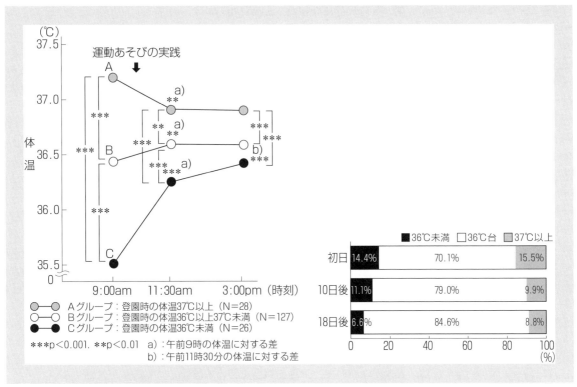

図1-3 登園時（午前9時）の体温別にみた5歳児の体温の園内生活時変動

注）登園時の体温が37℃より低いBとCグループの幼児は，午前中の運動的なあそびの後に，いわゆる筋肉活動を通して産熱し，体温は上昇した。

それに対し，登園時に37℃以上のAグループでは，午前中に3,209歩の歩数を確保し，B・Cの幼児よりも歩数が200～400歩程度多いにもかかわらず，その体温は低下した。

このことにより，登園時の体温が37℃以上であった幼児の放熱機能は，登園時の身体活動により活性化され，体熱放散への対応が速く，体温の低下を導いたものと推測された。

出典）前橋 明：子どものからだの異変とその対策，体育学研究49（3），pp.197-208，2004.

図1-4 5歳児181名に対する18日間の運動実践による体温区分人数割合の変化

出典）前橋 明：子どものからだの異変とその対策，体育学研究49（3），pp.197-208，2004.

保し，B・Cの幼児よりも歩数が200～400歩程度多いにもかかわらず，その体温は低下した。このことにより，登園時の体温が37℃以上であった幼児の放熱機能は，登園後の身体活動により活性化され，体熱放散への対応が速く，体温の低下を導いたものと推察した。

さらに，体温異常の子どもを含む181人に，毎日2時間の運動を継続的に18日間行った。これによって，体温調節のうまくできない子どもが半減した（図1-4）。

その際に取り組んだ運動のプログラムを，示しておく。運動プログラムの条件設定は，次頁のとおりである。

① 朝，8時50分になったら，外に出る。
② 保育者も，子どもといっしょに遊ぶ。
③ 各自の目標をもたせ，それに取り組む姿を認めたり，みんなの前で紹介したり，ほめる。
④ 子どもたちの意見を聞きながら，みんなであそびのルールを作ったり，あそびの場を設営したりする。
⑤ 子どもたちが自発的にあそびを展開するきっかけをつかんだら，保育者はできるだけ早い時期に，主導権を子ども側に移行していく。
⑥ 異年齢で活動する機会を多く与える。
⑦ 手づくり遊具を作って，子どもたちが活動的に遊ぶことができるように工夫する。
⑧ 保育室にもどる前には，みんなで片づけをする。
⑨ 毎日，正しい生活リズムで過ごすように，子どもと確認し合う。

要は，飛んだり，跳ねたりすることで，筋肉は無意識のうちに鍛えられ，体温は上がる。その結果，ホルモンの分泌がよくなり，自然に活動型の正常なからだのリズムにもどる。今の子どもには，運動が絶対に必要である。そのためには，大人が意識して，運動の機会を努めて設けていくことが欠かせない。

4 乳児期からの脳機能のかく乱

最近，子どもも大人も，キレやすくなっているように思う。子どもだけでなく，大人もイライラしている人が増え，簡単にキレて大きな犯罪に結びつくことが多くなってきた。その原因は，いろいろ考えられるが，基本的には，「現代人の生活のリズム」が，人間，本来がもっている「生物としてのからだのリズム」と合わなくなってきて，その歪みがいろいろな問題を起こしているようである。

最も大きな問題は，睡眠リズムの乱れだと思われる。赤ちゃん時代，子どもたちは寝たり起きたりを繰り返して，1日16時間ほど眠っている。一見，赤ちゃんは昼夜に関係なく眠っているようだが，昼と夜とでは，眠り方が少々異なっている。実は，日中，部屋にささやかな陽光が入る中で眠ることで，赤ちゃんは少しずつ光刺激を受けて，昼という情報を脳内にインプットし，生活のリズムをつくっている。ところが，今は，遮光カーテンの普及で，昼でも部屋の中を真っ暗にできたり，逆に夜は遅くまでテレビの光刺激を受けての情報が脳内に入ることによって，昼夜に受ける刺激の差が非常に少なくなっている。つまり，乳児の頃から，昼夜の違いを理解し，生活のリズムをつくってくれる脳

機能に，かく乱が生じている。

　さらに，1歳ぐらいになると，一日中，しかも夜遅くまで，テレビをつけている環境の中で寝たり起きたりを繰り返している。2歳ぐらいになると，テレビだけでなく，自分でビデオを操作することができはじめ，夜でも光刺激を受ける時間がとても長くなる。そして，就学前施設（保育園，幼稚園，認定こども園をいう）に通い始める前には，子どもの昼夜のリズムは大変おかしくなっている。

　人間は，本来，太陽が昇ったら起きて活動し，太陽が沈んだら眠るが，夜型社会になって，子どもたちのからだの方の対応が追いつかなくなっている。そのために，今の子どもは乳児期から睡眠のリズムが乱されていることと，生活環境の近代化・便利化によって，からだを使わないですむ社会になってきたことで，体力が高まらないだけでなく，からだにストレスをためやすい状況になっている。

　要は，子どもにとって，太陽のリズムに合わせた生活を大切にしてやり，昼間にはしっかり陽光刺激を受けさせて，戸外で活動させることである。もちろん，このことは赤ちゃん時代から，大切にする必要がある。

● **演習課題**

課題1：生活のリズムと生体のリズムの違いを調べてみよう。
課題2：体温のリズムについて学び，その知識を幼児の生活の中で，どのように使っていくことができるかを話し合ってみよう。
課題3：遅寝・遅起きの改善策を話し合い，よい知恵を集めて，まとめてみよう。

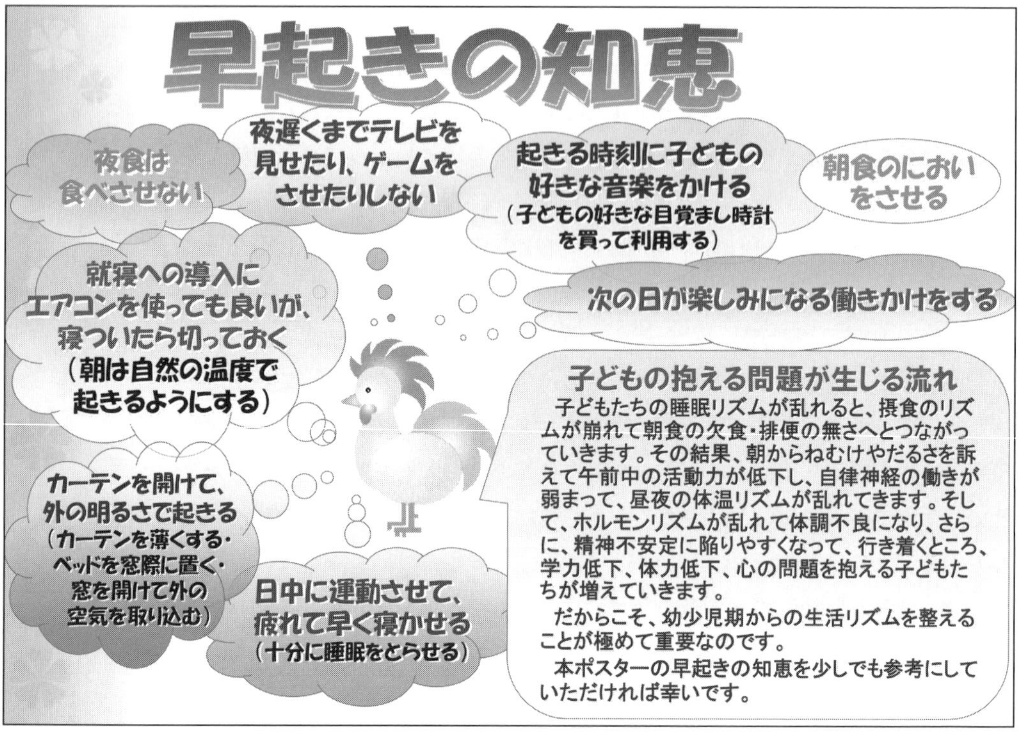

第1章　近年の子どものからだの異変とその対策

早起きの知恵

- 夜食は食べさせない
- 夜遅くまでテレビを見せたり、ゲームをさせたりしない
- 起きる時刻に子どもの好きな音楽をかける（子どもの好きな目覚まし時計を買って利用する）
- 朝食のにおいをさせる
- 就寝への導入にエアコンを使っても良いが、寝ついたら切っておく（朝は自然の温度で起きるようにする）
- 次の日が楽しみになる働きかけをする
- カーテンを開けて、外の明るさで起きる（カーテンを薄くする・ベッドを窓際に置く・窓を開けて外の空気を取り込む）
- 日中に運動させて、疲れて早く寝かせる（十分に睡眠をとらせる）

子どもの抱える問題が生じる流れ

子どもたちの睡眠リズムが乱れると、摂食のリズムが崩れて朝食の欠食・排便の無さへとつながっていきます。その結果、朝からねむけやだるさを訴えて午前中の活動力が低下し、自律神経の働きが弱まって、昼夜の体温リズムが乱れてきます。そして、ホルモンリズムが乱れて体調不良になり、さらに、精神不安定に陥りやすくなって、行き着くところ、学力低下、体力低下、心の問題を抱える子どもたちが増えていきます。

だからこそ、幼少児期からの生活リズムを整えることが極めて重要なのです。

本ポスターの早起きの知恵を少しでも参考にしていただければ幸いです。

図1-5　ポスター例①

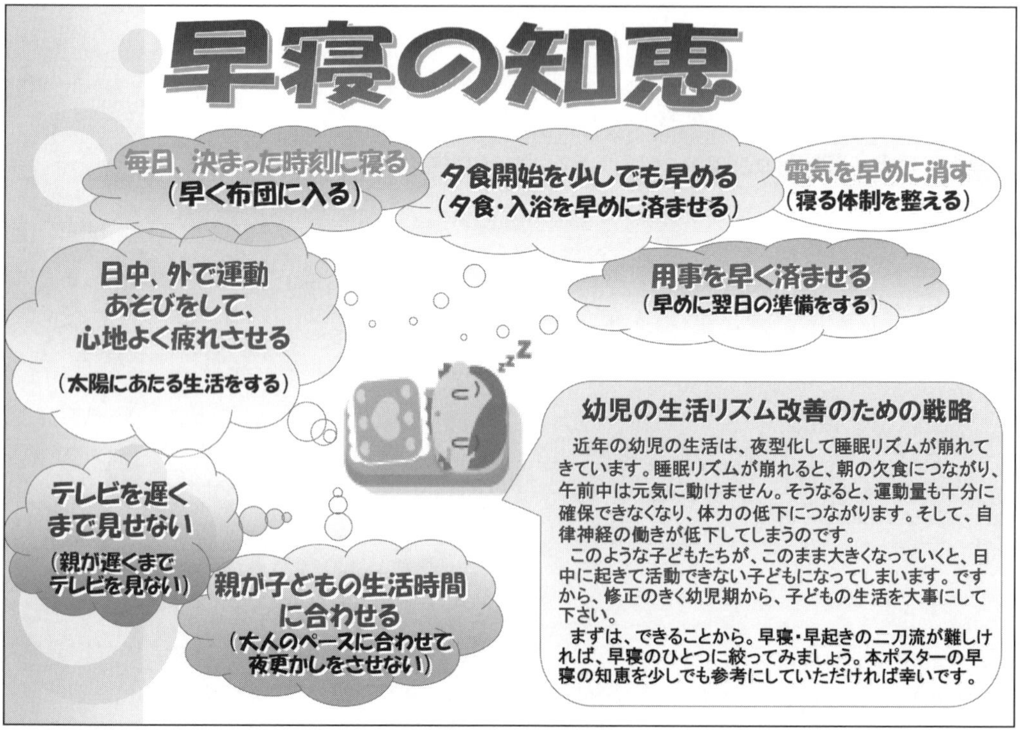

早寝の知恵

- 毎日、決まった時刻に寝る（早く布団に入る）
- 夕食開始を少しでも早める（夕食・入浴を早めに済ませる）
- 電気を早めに消す（寝る体制を整える）
- 日中、外で運動あそびをして、心地よく疲れさせる（太陽にあたる生活をする）
- 用事を早く済ませる（早めに翌日の準備をする）
- テレビを遅くまで見せない（親が遅くまでテレビを見ない）
- 親が子どもの生活時間に合わせる（大人のペースに合わせて夜更かしをさせない）

幼児の生活リズム改善のための戦略

近年の幼児の生活は、夜型化して睡眠リズムが崩れてきています。睡眠リズムが崩れると、朝の欠食につながり、午前中は元気に動けません。そうなると、運動量も十分に確保できなくなり、体力の低下につながります。そして、自律神経の働きが低下してしまうのです。

このような子どもたちが、このまま大きくなっていくと、日中に起きて活動できない子どもになってしまいます。ですから、修正のきく幼児期から、子どもの生活を大事にして下さい。

まずは、できることから。早寝・早起きの二刀流が難しければ、早寝のひとつに絞ってみましょう。本ポスターの早寝の知恵を少しでも参考にしていただければ幸いです。

図1-6　ポスター例②

第2章 幼児になぜ運動が必要か

> 子どもたちの睡眠リズムが乱れると，摂食のリズムが崩れて朝食の欠食，排便のなさへとつながる。生活習慣を整えていく上でも，1日の生活の中で，運動エネルギーを発散し，情緒の解放を図る機会や場をつくることの重要性を見逃してはならない。幼児期には，日中の運動あそびが非常に大切になる。特に運動は，子どもたちの自律神経の働きをよくし，からだを守るとともに，何かに取り組みたいという意欲づくりにも寄与する。

1 幼児期に運動の必要なわけ

　わが国では，子どもたちの学力低下や体力低下，心の問題の顕在化が顕著となり，各方面でその対策が論じられ，教育現場では悪戦苦闘している。子どもたちの脳・自律神経機能の低下，不登校や引きこもりに加えて，非行・少年犯罪などの問題も顕在化しており，それらの問題の背景には，幼少児期からの「生活習慣の悪さとそのリズムの乱れ」や「朝食の欠食」，「親子のきずなの乏しさ」等が見受けられ，心配される。

　結局，子どもたちの睡眠リズムが乱れると，摂食のリズムが崩れて朝食の欠食・排便のなさへとつながる。その結果，朝から眠気やだるさを訴えて午前中の活動力が低下し，運動不足となって自律神経機能の低下が起こる。そして，昼夜の体温リズムが乱れ，続いて，ホルモンの分泌リズムが崩れて体調不良になり，さらに，精神不安定に陥りやすくなって，行き着くところ，学力低下，体力低下，心の問題を抱える子どもたちが増えていく。

　それらの問題改善のためには，端的に言うと，大人たちがもっと真剣に「乳幼児期からの子ども本来の生活」を大切にしていくことが必要である。

① 夜型の生活を送らせていては，子どもたちが朝から眠気やだるさを訴えるのは当然である。

② 睡眠不足だと，注意集中ができず，また，朝食を欠食させているとイラ

イラ感が高まるのは当たり前である。保育中や授業中にじっとしていられず，歩き回っても仕方がない。
③　幼いときから，保護者から離れての生活が多いと，愛情に飢えていく。保護者の方も，子どもから離れすぎると，愛情が維持できなくなり，子どもを愛おしく思えなくなっていく。
④　便利さや時間の効率性を重視するあまり，徒歩通園から車通園に変え，親子のふれあいや歩くという運動量確保の時間が減ってくる。その結果，コミュニケーションが少なくなり，体力低下や外界環境に対する適応力が低下していく。
⑤　テレビやビデオ等の使いすぎも，対人関係能力や言葉の発達を遅らせ，人とのコミュニケーションのとれない子どもにしていく。特に，午後の運動あそびの減少，地域の異年齢によるたまり場あそびの崩壊，ゲームの実施やテレビ視聴の激増と長時間化が生活リズムの調整をできなくしていく。

　これらの点を改善していかないと，子どもたちの学力向上や体力強化は図れないだろう。キレる子どもや問題行動をとる子どもが現れても不思議ではない。ここは，腰を据えて，乳幼児期からの生活習慣を整えていかねばならないだろう。生活習慣を整えていく上でも，1日の生活の中で，一度は運動エネルギーを発散し，情緒の解放を図る機会や場を与えることの重要性を見逃してはならない。そのためにも，幼児期には，日中の運動あそびが非常に大切となる。運動とか戸外あそびというものは，体力づくりはもちろん，基礎代謝の向上や体温調節，あるいは脳・神経系の働きに重要な役割を担っている。特に，運動は，子どもたちの自律神経の働きをよくし，オートマティックにからだを守るとともに，何かに取り組みたいという意欲づくりにも寄与する。園や地域において，ときが経つのを忘れて，運動あそびに熱中できる環境を保障していくことで，子どもたちは安心して成長していける。

2　幼児にとっての運動の役割と効果

　幼児の健全な心身の発達において，運動あそびや運動実践がどのような役割を果たしているかをみていこう。

（1）身体的発育の促進

　運動とからだの発育・発達とは，切り離しては考えられない。適度な身体活動や運動実践は，幼児の身体発育を促進する。すなわち，全身運動は，生体内の代謝を高め，血液循環を促進し，その結果，骨や筋肉の発育を助長していく。

筋肉は，運動によって徐々にその太さを増し，それに比例して力も強くなる。逆に，筋肉を使わないと，廃用性萎縮といって，筋肉が細くなり，力も弱くなる。つまり，筋肉は運動することによって強化される。砂あそびやボール投げ，ぶらんこ・すべり台・ジャングルジム等を利用してのあそびは，特別な動機づけの必要もなく，ごく自然のうちに筋力をはじめ，呼吸循環機能を高め，身体各部の成長を促進していく。

つまり，運動することによって，体力や健康が養われ，それらが増進されると，幼児は，より活動的な運動あそびを好むようになり，同時にからだの発育が促されていく。

（2）運動機能の発達と促進

身体活動をすることによって，それに関連する諸機能が刺激され，発達していく。しかし，各々の時期に，特に発達する機能とそうでない機能とがある。例えば，幼児の神経機能は，出生後，きわめて著しい発育を示し，生後6年間に成人の約90％に達する。

運動機能は，脳神経系の支配下にあるので，神経機能が急速に発達する幼児期においては，いろいろな運動を経験させ，運動神経を支配する中枢回路を敷設しておくことが大切である。また，幼児期に形成された神経支配の中枢回路は，容易に消えないので，その時期においては，調整力を中心とした運動機能の開発をねらうことが望ましい。運動によって運動機能が発達してくると，自発的にその機能を使用しようとする傾向が出てくる。そのことによって，運動機能はさらに高められ，児童期の終わり頃にはかなりの段階にまで発達していく。

こうして，多様な運動経験を通して，子どもたちのからだに発育刺激を与えることができるとともに，協応性や平衡性，柔軟性，敏捷性，リズム，スピード，筋力，持久力，瞬発力などの調和のとれた体力を養い，空間での方位性や左右性をも確立していくことができる。

つまり，身体のバランスと安定性の向上を図り，身体の各運動相互の協調を増し，全体的・部分的な種々の協応動作の統制を図ることができる。そして，からだの均整が保たれ，筋肉の協同運動が合理的に行われるようになると，運動の正確さやスピードも高められ，無益なエネルギーの消費を行わないようになる。このように，基礎的運動能力を身につけ，エネルギー節約の方法を習得できるようになる。

（3）健康の増進

全身運動を行うことにより，血液循環がよくなり，心臓や肺臓，消化器など

の内臓の働きが促進される。また，運動をくり返すことによって，外界に対する適応力が身につき，皮膚も鍛えられ，寒さに強く，カゼをひきにくい体質づくりにもつながる。

つまり，寒さや暑さに対する抵抗力を高め，からだの適応能力を向上させ，健康づくりに大いに役立つ。

（4）情緒の発達

運動あそびや運動を実践することによって，情緒の発達が促される。また，情緒の発達に伴って，幼児の運動あそびや運動の内容は変化する。すなわち，運動と情緒的発達との間にも，密接な相互関係が成り立っているのである。

情緒は単なる生理的な興奮から，快・不快に分化し，それらは，さらに愛情や喜び・怒り・恐れ・しっと等に細かくわかれていく。そして，5歳頃までには，ほとんどすべての情緒が表現されるようになる。

このような情緒の発達は，人間関係の交渉を通して形成される。初期における人間関係の媒介をなすものがあそびであり，中でも，運動あそびを媒介とし，幼児と親，きょうだい同志，友だち等との人間関係がより強く形成されていく。

そして，運動あそびや各種の運動実践は，幼児が日常生活の中で経験する不安，怒り，恐れ，欲求，不満などを解放する安全で有効な手段となっていく。

なお，心身に何らかの障害をもつ幼児の場合，心配で放っておけないということから，運動規制が強すぎたり，集団での運動経験が不足したりしている状態で育っているというケースが比較的多くみられる。自閉児と呼ばれている幼児の中には，十分な体力をもちながら，運動エネルギーを不燃のまま自分の殻の中に閉じ込め，それが情緒的に悪影響を及ぼしているケースも，少なくない。

そこで，こういった経験の不足を取りもどし，幼児の中で眠り続けてきた運動エネルギーに火をつけ，十分発散させていくことが，情緒的にも精神的にもきわめて重要である。多動で落ちつきのない幼児についても，同じことがいえる。大きなつぶつぶの汗が出るほど運動した後は，情緒は比較的落ちついてくるものである。多動だからといって，無理に動きを規制すると，かえって，子どもたちを多動にさせていく。

いずれにしても，運動は健全な情緒の発達にとって，重要な意味をもっている。

（5）知的発達の促進

子どもは，幼い頃からあそびや運動を中心とした身体活動を通して，自己と外界との区別を知り，自分と接する人々の態度を識別し，物の性質やその扱い方を学習していく。また，対象物を正しく知覚・認識する働きや異同を弁別す

る力などの知的学習能力が養われる運動あそびにおいて，幼児は空想や想像の力を借りて，あらゆる物をその道具として利用する。例えば，大きな石は跳び箱になり，ジャンプ台になり，ときには，馬にもなっていく。このような運動あそびは，想像する能力を高め，創造性を養い，知的能力の発達に寄与している。運動遊具や自然物をどのように用いるかを工夫するとき，そこに思考力が養われていく。様々な遊具を用いる運動によって，幼児はその遊具の使い方やあそび方，物の意義，形，大きさ，色，そして，構造などを認識し，学習していく。知的発達においては，自分の意志によって環境や物を自由探索し，チェックし，試みていくことが重要であるが，ときには保育者が指示を与え，物の性質やその働きを教えていくことも大いに必要である。

　そして，運動あそびの中で，成功や失敗の経験を積み重ねていくことが，知的発達の上で大切になってくる。また，友だちといっしょに運動できるようになると，自然のうちに認知力や思考力が育成され，集団思考ができるようになる。そして，模倣学習の対象も拡大し，運動経験の範囲も広くなってくる。幼児は，こうして自己と他人について学習し，その人間関係についての理解を獲得していく。さらに，自己の能力についての知識を得るようになると，他人の能力との比較を行うようになってくる。

　生理学的にみると，脳の機能は，細胞間の結合が精密化し，神経繊維の髄鞘化が進むにつれて向上していく。神経も，適度に使うことによって，発達が促進されるという「使用・不使用の原理」が働いていることを覚えておきたい。

（6）社会性の育成

　幼児が仲間といっしょに運動する場合，順番を守ったり，みんなと仲良くしたりすることが要求される。また，お互いに守らねばならないルールがあって，幼児なりにその行動規範に従わねばならない。運動実践の場では，集団の中での規律を理解するための基本的要素，協力の態度など，社会性の内容が豊富に含まれているため，それらを十分に経験させることによって，社会生活を営むために必要な態度が身についていく。

　つまり，各種の運動実践の中で，指示にしたがって，いろいろな運動に取り組めるようになるだけでなく，仲間といっしょに運動することで，対人的認知能力や社会的行動力が養われていく。こうして仲間とともに運動することで，ルールの必要性を知り，自己の欲求を調整しながら運動が楽しめるようになる。

（7）治療的効果

　様々なタイプの運動障害が起こってくるのは，脳から調和のとれた命令が流

れない，受け取れないためである。運動障害の治療の目標を運動パターンや動作，または，運動機能と呼ばれているものの回復におき，その状態に応じた身体活動をさせることで，筋肉の作用，平衡，姿勢，協調，運動感覚（自分のからだの各部が，どんな運動をしているかを認知できる感覚），視覚，知覚などの，日常における運動を組み立てている諸因子の調和を図ることができるようになる。

機能の不具合は，幼児がひとりで生活できる能力やあそびを楽しむ能力を奪ったり，抑制したりする。そこで，正常で，効率的な活動パターンを運動あそびや運動の実践の中で学んでいくことで，幼児は能力に見合う要求を満たすことができるようになる。また，言葉を発しない障がい児は，思考や感情を十分に表現できないので，種々の運動を用いて感情や欲求の解放を図ることができる。

（8）安全能力の向上

運動技能を身につけることは，生命を守る技術を習得していることであり，自己の安全能力の向上に役立つ。また，ルールや指示に従う能力が育成されてくることによって，事故防止にもつながる。

（9）日常生活への貢献と生活習慣づくり

「睡眠をよくとり，生活のリズムづくりに役立つ」「運動後の空腹感を満たす際に，偏食を治す指導と結びつけることによって，食事の指導にも役立つ」「汗ふきや手洗いの指導を導入することによって，からだを清潔にする習慣や態度づくりに役立つ」等，基本的生活習慣を身につけさせることにもつながる。

このように，発達刺激としての運動実践は，身体的発達を助長するだけでなく，そこから結果として，情緒的な発達，社会的態度の育成，健康・安全に配慮する能力などを養い，人間形成に役立っていく必要不可欠で，かつ，きわめて重要なものといえる。

● 演習課題

課題1：生活習慣と学力や体力との関係について調べてみよう。
課題2：睡眠と食事，運動の関連性を話し合い，健康な子どもを育てるために，何をしていったらよいか，考えてみよう。
課題3：幼児にとっての運動の効果を調べてみよう。

第3章 子どもの生活と運動

　たまり場あそびの減少・崩壊により，いろいろなことを教わり合う体験や感動するあそび体験のない中で，保育者は，子どもたちの見本となって，運動スキルや動作パターンを見せていく機会を真剣に設けていかねばならない。運動スキルの学習は，手やからだをもって，いっしょに動いてあげないと，幼少児には，スキルが正しく身につかない。ここでは，運動を指導する際に重要となる幼児期の発達の特徴についても学ぶ。

1 心地よい空間[1]

　昭和の子どもたちは，道路や路地，原っぱでよく遊んでいた。道路に絵をかいたり，かけっこをしたりして遊び，お腹が減るとおやつを家から持ってきて食べていた。原っぱで探検をしたり，虫を捕まえたり，葉っぱを使い，様々なあそびをしていた。遠くへあそびに行くと，あそびの種類が固定されたが，家の前の道路で遊んでいれば，あそびに足りない道具があっても，すぐに家から持ってくることができた。石けりに飽きたらメンコを取りに帰り，メンコに飽きたら空き缶をもらいに帰って，缶けりを始めた。あそび場が遠くにある場合，道具や必要なものを取りに帰って再び集まろうとすると，どうしても時間がかかってしまう。だから，家から近いあそび場は，それがたとえ道路や路地であっても，居心地のよい空間だった。

　また，道路や路地もアスファルトでなく土だったので，地面を掘り起こしたり，水溜まりを作ったりして，泥あそびをすることもしばしばであった。また，泥団子を作り，弓形の美しさと輝き具合を競い合ったものである。そのため，地面自体も，あそびの道具となっていた。さらに，相撲をしても，アスファルトと違い，転んでもさほど痛くなく，安全であった。

　保護者は，家の中から子どもたちの遊んでいる様子が見えるため，危険な行動をすると，いざというときに助けることができた。そのため，家の中で遊ん

1）日本幼児体育学会：幼児体育 専門（前橋明著「第1章 子どもの生活と運動」），大学教育出版，pp.2-3，2009．

でいると,「家の中にいないで,外で遊んできなさい!」と言われたものである。

あそびの種類は豊富にあり,石けり・鬼ごっこ・缶けり・かくれんぼ・ゴム跳び・ビー玉・おはじき・かけっこ・コマ回し・馬跳び・砂あそび・メンコと,数多くの継承あそびが行われていた。そのため,道路や路地は,短時間であそびの発展や変化をさせることができる都合のよい空間だったといえよう。

今日は,住宅地の一角に,立派な固定遊具や緑を整え,環境を整備された落ち着ける公園がある。しかし,単に地区の1か所に安全なスペースを用意して「子どものためのあそび場を作りましたよ」と呼びかけても,子どもたちはあまり遊ぼうとしないように感じる。大声を出して走り回れば,近所から「うるさい!」という苦情も耳にするようになった。そのため,子どものあそびは,種類や活動内容を規制してしまい,自由にはしゃぐことができなくなっている。「静かにしなければ迷惑になる」「土を掘ってはだめ」「木登りや球技は禁止」といった制約のついた空間では,子どもたちが生き生きと,からだを動かすためのあそび場に適しているといえるのだろうか。

子どもには自然の中で縄を木に掛けて,木と木の間を渡ったり,地面を掘って基地を作ったりするといった,子ども自身の豊かなアイデアを試みることのできるあそび場が必要だと考える。幼少期に,あそびの実体験を通して得た感動は,将来にわたる学習のよりいっそうの強化因子となり,子どもの内面の成長に大きく寄与する。そして,そこから自らを考え,学ぼうとする姿勢が大きく育まれていくのではないだろうか。

現在は,原っぱに空き地があれば,短期間で駐車場やマンションが建設され,子どもたちが外で遊べる空間が奪われている。そのため,集団あそびや大人数で行う継承あそびが失われ,一人あそびとして,テレビゲームや携帯ゲームを行う子どもたちが増えているのかもしれない。大人がつくり出す環境が子どもたちの心地よい空間を奪い,さらに,運動不足を加速させてしまっていないだろうか。

整備された公園のベンチに座ってスマートフォンやソーシャル・ネットワーキング・サービス(SNS)を利用した携帯ゲームで遊んでいる子どもたちの姿が多くみられることのないようにしたいものである。

2)日本幼児体育学会:幼児体育 専門(前橋明著「第1章 子どもの生活と運動」),大学教育出版,pp.3-4,2009.

2 ガキ大将の役割[2]

今日,都市化や少子化のあおりを受けて地域のたまり場あそびが減少・崩壊し,ガキ大将の不在で,子どもたちが見取り学習をしていたモデルがいなくな

った。運動スキルは，放っておいても身につくものだと考えている人が多いが，これは大変な誤解である。かつては，園や学校で教えなくても，地域のガキ大将があそびを年少児たちに自然に教え，見せて学習させていた。子どもたちは，見たことができないと，仲間から馬鹿にされるので，泣きながらも必死に練習した。時には，あそびの仲間に入れてもらいたいがために，親に頼んで陰の特訓をした子どもたちも多くいた。運動スキルを習得するためには，それなりの努力と練習が必要であった。

　今は，そんなガキ大将や年長児不在のあそびが多く，教わること・練習することのチャンスに恵まれない子どもたちでいっぱいとなっている。しかし，そのことに危機感を覚えていない保護者や大人が多くみられることが心配である。保護者や保育者，指導者の見ていない世界で，運動スキルや運動あそびを子どもたちに教えてくれたガキ大将という，あそびの先生の代わりを，いったい誰がするのだろうか？

　つまり，異年齢集団でたまり場あそびの減少・崩壊により，子ども同士のあそびの中から，いろいろなことを教わり合う体験や感動するあそび込み体験のない中で，今の子どもは，必要なことを教えなければ，学んだことの活用もできない状態になってきている。保護者だけでなく，保育者・指導者も，子どもたちの見本となって，運動スキルや動作パターンを見せていく機会を真剣に設けていかねばならないと考える。運動スキルの学習は，字を書き始める作業と同じで，お手本を見せただけでは，うまくいかない。手やからだを支えたり，持ってあげたりして，いっしょに動いてあげないと，習いはじめの子どもにはわからず，スキルが正しく身につかないのではないだろうか。場所と道具を揃えたあそび環境だけをつくって，子どもの自発性を高めていると思いこんで満足していたらダメであろう。あそびの基本型を教えたり，運動を指導したりすることは，大切なことである。

　遊ぶ集団の中には，小さい子どもが含まれている場合は，公平・公正にプレーができ，なおかつ，おもしろさが損なわれないように，自由自在のルールをつくりだすことがガキ大将の役割の一つであった。野球で人数が足りなければ，「三角ベース」や「透明ランナー」等，小さい年齢の子がいると，かけっこにハンディをつけて前から走らせていた。子どもたちが自発的に考え，独自のルールを作り出していた。そのため，あそびを通じてミニ社会体験をすることにより，社会で生きていくために必要な人間関係のつくり方や社会性，協調性，我慢をするという人間性を養っていたのではないだろうか。

　一方，テレビゲームや携帯ゲーム，SNSのバーチャルの世界でのあそびか

ら，協調性やコミュニケーション能力は育まれるのだろうかと危惧する。運動あそびや集団あそびが子どもたちのからだと心を成長させ，園や学校，そして，社会で生きる知恵と力を育むことができると考える。ガキ大将が不在となった今，保護者や保育者，指導者に求められていることは，「動きの見本を見せること，そして，子どもたちといっしょにダイナミックに遊ぶ活動力や熱心さ」なのではないだろうか。

3 子どもの発達と運動

　ヒトの成長は，時間の経過に伴って起こる成熟への過程である。成長は，組織や器官の大きさや形が変化し，形態が量的に増大する「発育」と，それぞれの機能の巧みさや複雑さが増し，質的に向上していく「発達」にわけて考えることができる。発育はある時期に完了するが，発達は一生続いていく。子どもは，時期によって次のように呼ばれる。胎芽期は妊娠2か月（8週）まで，胎児期は妊娠3か月（9週）から10か月（40週）まで，新生児期は生後1か月（4週）まで（特に1週を早期新生時期），乳児期は生後1年未満まで（新生児期を含めることもある），幼児期は生後1年から6年未満である[3]。

3）前橋 明編著：乳幼児の健康 第2版, 大学教育出版, pp.28-29, 2010.

　出生時の体重は約3kgで，3～4か月で約2倍，出生1年で約3倍，5歳で6倍と変化する。身長は，約50cmから生後1年間で24～25cm，1～2歳の間で約10cmずつ伸び，4～5歳で出生時の約2倍になる。したがって，子どもというものは，大人を小さくしたものではなく，年齢によって，身体各部の釣合は変化していく。

　例えば，頭身を基準にすると，新生児の身長は頭身の4倍，すなわち，4頭身である。2歳で5頭身，6歳で6頭身，12歳で7頭身，成人でほぼ8頭身になっていく。

　つまり，幼児は，年齢が小さい程，頭部の割合が大きく，四肢が小さいといえる。重い頭が身体の最上部にあるということは，身体全体の重心の位置がそ

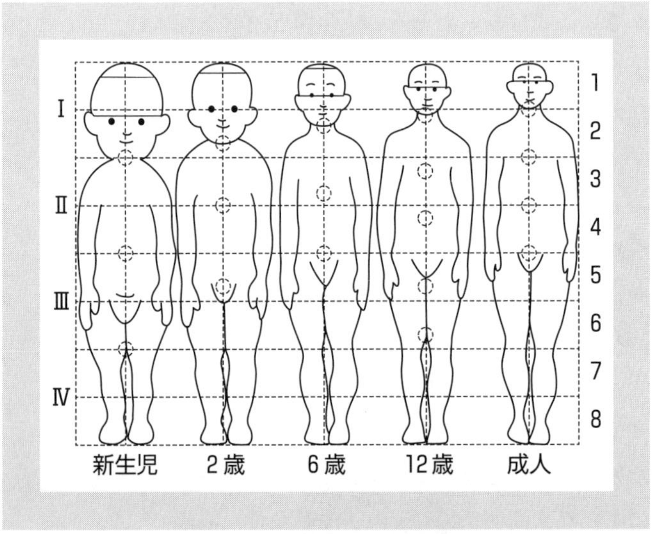

図3-1　身体各部の均衡図
出典）ハインリッヒ スコトラッツ，森 徳治 訳：子供のからだ，創元社，p.52, 1952.

れだけ高いところにくるわけで,不安定になり,転びやすくなるという特徴[4]がある。

しかも,からだの平衡機能の発達自体も十分に進んでいないため,前かがみの姿勢になったとき,一層バランスがとりにくく,頭から転落し,顔面をけがする危険性が増大する。

発育・発達のプロセスにおいて,身体各部の発育も,内臓諸器官における機能の発達も,決してバランスよく同じ比率で増大したり,進行したりするものではない。

● 演習課題

課題1:自分が遊んでいた場所やあそびの内容を思い出してみよう。
課題2:ガキ大将の存在や役割について考えてみよう。
課題3:乳幼児期の運動やあそびで気をつけたいことを話し合ってみよう。

4)前橋 明他編著:幼児体育 第5版,大学教育出版,pp.20-21,2016.

第3章　子どもの生活と運動

コラム　からだと心が心地よく動く食べ物を子どもたちに届けよう

　私たちは呼吸をしたり，歩いたり，走ったりという動作をあまり意識しないで行っているが，からだが動くのは，生きるために必要なからだとそれらがうまく動く仕組み（呼吸器，循環器，消化器，運動器など）が備わり，動くためのエネルギー（栄養素）がうまく供給されているからである。私たちのからだは食べ物を摂ることで構成され，からだをつくる上でも日々の活動をする上でも食べ物の存在は欠かせない。しかしながら，ただ単にカルシウムやタンパク質などの栄養素を摂れば骨や筋肉が強くなる，というものでもなくからだを使わなければ強くならないのである。子どもはバランスよくしっかり食べて，様々なあそび（活動）をすることで強く丈夫なからだをつくっていくのである。

　私たちのからだは24時間絶え間なく動くため，常にエネルギーが必要である。しかしながら体内に十分な量を蓄えておくことができないため3度の食事で補う必要がある。アスリートが自分の力を最大限に発揮できるように食事のタイミングや内容に気をつけるように，1日の活動に合わせて食事をするとからだが心地よく動くのである。特に朝食は長時間の空腹後のエネルギー供給や体温上昇のために重要である。からだや脳のエネルギー切れは集中力の低下やけがにつながるとともに，栄養素がうまくからだに入らない状況が成長期に続けば，自分のからだを切り崩すことになるのである。眠くて食べられない等，小さな積み重ねが当たり前のように習慣化されることは目先の問題ではなく，とても怖いことなのである。

　では，子どもたちの未来のからだをつくる上で私たちにできることは何であろうか。まず，お腹がすくリズムをつくることである。しっかり動いてよく眠り，お腹がすいていれば食事は進み，強いからだづくりにつながるのである。また，大きくなりたい，速く走れるようになりたいといった気持ちがある時に，力強くなるために大切な事柄（食事・睡眠など）をアドバイスすることも大切である。そして，子どもは安心という土台の基に様々な経験を広げることができるため，からだのみならず心の状態を整えることも大切である。身近な人がつくってくれたおにぎり等を食べて温かく送り出された子どもの方が力強い心のエネルギーを得ているはずである。みんなで食事をすると心が和むように，食事は明日への活力にもなるのである。

　からだを動かしてよく眠り，気持ちよく目覚めて食事をするという毎日を大切に積み上げてからだと心の歯車が心地よく回り出すと力強く動けるものである。子どもは大人がつくった環境に適応する能力をもっている。大人はこの意味を再認識するとともに，人とのかかわりの中で自分や他者を大切に思える心を育てたいものである。

第4章 乳児期の発育・発達と運動

　乳幼児の運動機能の発達は，大きな筋肉を使った粗大な運動から，末梢部分へと進む。まず，乳児は，身長に比較して頭が大きく，新生児では，4：1，1～2歳児では，5：1になる。重心が上の方に位置するので，転落や転倒をしやすく，頭部や顔のけがをしやすい。

　将来，走・跳・投の基礎的な運動能力の基礎をつくるためにも，乳児期からからだを動かすことは，きわめて重要である。

1　反　射

　反射とは，特別な刺激により，自動的に不随意に起こる生得的な身体の反応[1]のことである。新生児は，視覚・聴覚・触覚がすでにある程度発達しているが，自発的な意思はまだ育っておらず，運動は反射や感覚機能に依存している。新生児期には，特有な反射運動がみられ，これを原始反射という（図4-1）。原始反射の代表的なものには，口腔内に指や乳首を入れると吸いつく吸啜反射や，手にものが触れると握りかえす把握反射などがある。

　原始反射の多くは，脳の発達とともに消失していき，生後3か月頃になると，大人があやすと手足をばたつかせて反応したり，動くものを目で追ったりする等，自発的な活動が増えてくる。反射の出現と消失の経過は神経系の発達をみる指標となっている。

[1] 巷野悟郎・岩田力・前澤眞理子編著：子どもの保健，同文書院，p.20，2011.

2　発達の順序性

　出生後の身体発達には，一定の順序と方向性，連続性がある。身体の発達は，急速に進行する時期と緩やかな時期，また，停滞する時期があり，特に，乳児期には個人差が大きい。

　運動機能の発達の特徴として，頭部から下肢の方向，身体の中枢部から末梢

把握反射
手のひらに物が触れると，強く握りしめる。それを取ろうとすると，ますます強く握る。

足底反射
足底をかかとから外側に沿って強くこすると，足の親指が背屈する。

自動歩行反射
脇の下を支えて身体を前傾させると，足を交互に発進させ，歩行するような動きをする。

パラシュート反射
乳児の脇を両手で支えて宙で立位をとらせると，両足をバタバタ動かす。

筋緊張性頸反射
仰向けに寝ているとき，しばしば顔を向いている方の手足を伸ばし，反対側の手足を曲げている。

モロー反射
仰向けに寝かせて，後頭部を手のひらで支えて床面から2～3cm上げて，その手を急にはなす。
上肢を伸展させて外転し，身体の前にあるものを抱きしめるように内転する。

交差性伸展反射
片方の足の裏を指で強く圧迫すると，もう片方の足を内転屈曲し，その後，圧迫した足にそって伸展する。

ガラント反射
乳児の胸腹部を手で支えて宙で腹位をとらせると，首を持ち上げて脊椎を背屈させ，下肢を伸展させる。

図4-1　原始反射
出典）前橋 明監修，高橋ひとみ：子どもの健康科学，明研図書，p.43，2000.

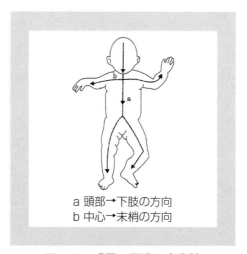

a 頭部→下肢の方向
b 中心→末梢の方向

図4-2　成長・発達の方向性
出典）前橋 明監修，高橋ひとみ：子どもの健康科学，明研図書，p.27，2000.

部へと発達する（図4-2）。また，大きな筋肉を使った粗大運動から，次第に分化して，小さな筋肉を巧みに使う微細運動や協調運動が可能となり，不随意運動から自分の意思のもとで行う，随意運動が表れてくる。

3 微細運動

　運動は，粗大運動と微細運動に分けられる。微細運動は，小さな筋肉と目と手の協調運動の発達によるものであり，手指の運動・操作として捉えることができる。

　生後3か月頃になると，目の前に自分の手をかざしたり近づけたり遠ざけたり，両方の手を絡ませたりする。4か月頃になると，興味があるものに対して手を伸ばして，ものをつかもうとする意思的な行動がみられるようになる。はじめは，自分の手を自分のものとして認識できないが，それがわかるようになると，手を使って自分の欲求を満たそうとするようになる。

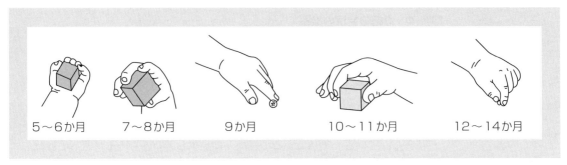

図4-3　手指の発達
出典）前川喜平：生育小児科学，診断と治療社，p.63，1997．

　5～6か月頃には，手のひら全体で包み込むようにつかみ，近くにあるものを取る動作ができるようになる。7～8か月頃には指先が使えるようになり，10～11か月頃には親指と人差し指の指先を使い，ものをつまむ動作ができる。さらに，1歳を過ぎると細かいものをつまめるようになる（図4-3）。この時期は，誤飲事故が多いので，特に注意が必要である。

4 身体各部の発達のプロセス

（1）身体の発育・発達

　体形は，出生直後は頭部が大きく3～4頭身であるが，徐々に脚部が発達していき，成人では7～8頭身になる（p.38，図3-1参照）。

　骨格は，柔らかい軟骨部分ができ，それが硬くなる化骨現象を繰り返しながら形成されていく。乳児期の手根部はまだ形成されておらず，やがて化骨すると10個になり，およそ12歳で大人の骨格に近い状態に完成される（図4-4）。

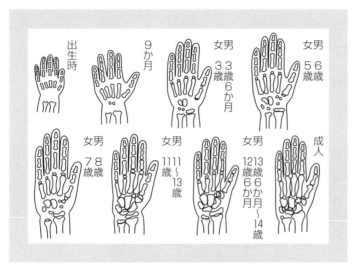

図4-4　骨格の発育の推移
出典）佐地 勉他編著：ナースの小児科学，中外医学社，p.52，2015.

乳幼児期は，化骨はまだ半分しか進んでおらず関節も固まっていないため，肘や肩の関節がはずれやすく，骨折もしやすい。したがって，骨に過度の負担がかかる運動は避けるよう留意する必要がある。

頭囲は，出生時が約31～32cmで，生後1年間で約15cmの増加がみられ，約45～46cmになる。1～2歳までは，約2cm増加し，徐々に増加量は減少する。頭囲は，頭蓋の発育を表す重要な指標である。

（2）スキャモンの発育・発達曲線

子どもの発達は，連続しているが，脳や骨格，臓器などの発育量は，それぞれ異なっている。年齢によって緩やかに変化しているものと，著しく変化しているものとがあり，増加の割合も一定ではない。スキャモン[*1]は，人間が発育・発達していく過程で臓器別の組織特性が存在することに注目し，リンパ腺系（リンパ型），筋肉・骨格系（一般型），脳・神経系（神経型），生殖系（生殖型）の4つに分けて，発育曲線として示した（図4-5）。これは，20歳の時の発育量の割合を100％として，それぞれの年齢における身体の各部位の発育量を示している。

*1 スキャモン
（Richard Scammon, 1883-1952）
アメリカの医学者，人類学者。

1）リンパ型

扁桃腺，胸腺，脾臓などのリンパ組織，内分泌腺，ホルモン等に関する器官が含まれる。リンパ組織は，感染症に対する免疫力をもち，乳児期から幼児期にかけて急速に発育する。11～13歳頃は成人の約2倍に達し，そ

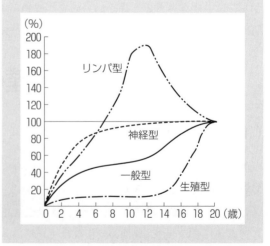

図4-5　スキャモンの発育・発達曲線

の後，減少するのが特徴である。

2）一般型

身長，体重など，身体の発育を表しており，骨格や筋肉，呼吸器系や心臓血管系，内臓諸器官等の全体的組織が含まれる。4歳頃まで急激に発育するが，その後10歳頃までは緩やかであり，以後は再び急速に発育がみられる。

3）神経型

大脳や神経系統，視聴覚などの感覚器の発達が含まれ，幼児期では，神経型だけがすでに成人の約90％に達している。特に調整力に関しては急速な発達を示し，這う，歩く，ものをつかむ，投げる，走る等の様々な動作を習得する。しかし，一般型の発育はきわめて未熟であるため，はじめに多くの失敗を繰り返し，修正し，少しずつ新しい動作を習得するのである。

4）生殖型

睾丸や卵巣など，性腺をはじめとする生殖器の発育を示している。第1次性徴としての形態は，出生時にすでに整っており，乳児期にわずかに発育するが，思春期になって急速に発育する。

5　乳児期の運動発達

　乳児期の運動発達は，生後約2か月で回転運動（身体をねじろうとする）がみられ，5か月頃には寝がえりができるようになる。6か月頃になると，おすわりができるようになり，視野も広がって，自由に腕と手を用いた探索行動が盛んになる。7，8か月頃にはずり這い（うつ伏せの状態で腹を床につけ，ほふく前進のように移動する），10か月頃には，這い這いができるようになってくる。その後，両手と膝を床につけて移動する（四つ這い），手と足裏を床につけて移動する（高這い）ができるようになる。這い這いができて自由に移動ができるようになると，志向性のはっきりとした行動を示し，探索行動がより活発になる。

　1歳前後には，つかまり立ち，伝い歩き，立位歩行が可能となる。歩行は，筋肉や骨格の発達とともに，中枢神経の発達が不可欠であり，平均的には1歳から1歳3か月頃までに，遅くとも1歳6か月頃までには歩行を開始する。膝を少し外側に曲げ，腕を肩のあたりまで上げてバランスを取るようにして歩く。やがて，まっすぐな姿勢で腕はおろして振りながら，足の親指で地面を蹴って歩くようになる。歩行がしっかりしてくると，階段や斜面を這い這いでよじ

登ったり，走ったり，ピョンピョン跳んだりすることもできるようになる。そして，就学する頃には，人間が一生のうちで行う日常的な運動の多くを身につける。

6 乳児期の運動あそびの実際

（1）運動あそびの留意点

　乳児期は発達が著しく，個人差も非常に大きい時期である。乳児期の発達段階を踏まえ，発達段階に応じた運動あそびをすることが大切である。

　乳幼児の運動機能の発達は，「大きな筋肉を使った粗大な運動」から末梢部分へと進むので，そのような発達の段階や特性を踏まえて，園での運動あそびを計画・実施することが必要である。

　乳児は，身長に比較して頭が大きく，新生児では4：1，1～2歳児では5：1である。したがって，重心が上の方に位置するので転落や転倒をしやすく，転倒した際には，頭部や顔のけがをしやすい特徴がある。また，運動機能が未分化で身のこなしも十分でなく，四肢の機能も発達していない。運動あそびでは，乳児が思わぬ動きをしたり，転倒したりするリスクが十分にあるので，子どもから目を離さず，環境を整えて，けがをしないように，気をつける必要がある。

　また，乳児は，体温の調整機能も未熟であるので，運動あそびの時は，適宜，水分を摂取するようにし，特に夏は熱中症にならないように気をつける必要がある。午前中の早い時間や夕方の涼しくなる時間を選んで，外あそびをすることが大切である。

　乳児は，太りすぎていると動きが鈍くなり，寝返りやうつ伏せがうまくできないので，太らせないように留意する必要がある。肥満だけではなく，適正な身長と体重で成長しているか，適宜チェックをし，家庭とともに気をつけていくことが大切である。

（2）各発達段階の運動あそび

1）寝返りの時期の運動あそび（4か月～6か月まで）

　コロコロと寝返りをする時期は，おもちゃやぬいぐるみに興味をもって寝返りで移動する時期でもある。この頃に，乳児のお気に入りのおもちゃを，乳児が寝返りをして，取れそうな位置に置くとよい。あるいは，保育者が「こっちにおいで」と言葉かけをして，寝返り移動ができるように働きかける。寝返り

で，自分の行きたいところや自分の好きな保育者や家族のところに移動できて，おもちゃを獲得できる経験を多くもたせることが，乳児の自発的な行動の基礎となる。

2）うつ伏せの時期（4か月〜6か月まで）

うつ伏せは，いざりや這い這いへと移行する大切な発達段階である。うつ伏せを嫌がらないようにあやしたり，近くに乳児のお気に入りの玩具を置くようにして，うつ伏せが徐々に長時間できるようにしていく。うつ伏せの状態で，おもちゃを持ってしばらくの間，遊べるようにすることが大切である。

3）いざり・這い這い（7か月〜10か月）

最近，狭い住宅事情で，いざりや這い這いの経験が少ない子どもが多くなっている。這い這いの運動は，四肢の筋力，協調運動，全身の筋力の発達とともに，脳の前頭葉も刺激して，発語を促すことにも有効な運動である。したがって，這い這いやいざりの運動をたくさん経験できるようにしたいものである。

乳児の好きなおもちゃや，保育者の「○○ちゃんおいでー」等の積極的な働きかけで，たくさん這い這いができるようにしたい。這い這いが上手になってきたら，階段を利用した運動あそびも全身の筋力の向上のために，実践していくとよい。

図4-6 這い這い　　図4-7 布団を利用した運動あそび

4）つかまり立ち：一人歩きの時期（10か月〜1歳3か月）

つかまり立ちを経て，一人歩きができるようになったら，積極的に歩かせるようにしたい。この時期は，ふらふらと不安定な歩き方でも，転んでも，歩くことが楽しくて仕方がない時期である。探索活動を積極的に行う時期でもあり，この時期の歩くことに意欲の

図4-8 一人歩きの練習

ある好機を逃さずに，たくさん歩けるように歩行を促し，歩くことが好きになり，歩行を安定させることが必要である。

5) 歩行の安定

平衡系運動スキルを身につけるために，少し不安定な場所を歩かせる運動あそびがよい。段差を意図的につくって，その上を歩かせたり，園内の階段を上り下りする運動あそびが有効である。

また，将来，走・跳・投の基礎的な運動能力の基礎をつくるためにも，この時期にからだを動かすことはきわめて重要なので，保育者と楽しみながら，たくさん歩き，走ったり，低い巧技台などの段差から，無理なくジャンプする等の運動も取り入れていきたい。くぐる，またぐ，両足で跳ぶことや，固定遊具（ジャングルジム，すべり台）で遊ぶことも，四肢の協応性や身体調整力を身につけるために大切な経験である。

マット

いすの間をまたぐ

平均台

図4-9　様々な運動あそび

6) 午前と午後の外あそび・運動あそび

歩けるようになったら，午後の外あそびも無理なく取り入れてみよう。乳児クラスは，保育者が複数人配置されているので，少人数にわかれて，外あそびをする子，散歩に行く子など，工夫次第で午前の外あそびとともに，午後の外あそびをすることが可能である。午後3時から5時に汗をかくくらいの運動が，ホルモンの分泌バランスや自律神経機能（特に，体温の調節機能）を亢進させる。また，適度な午後の散歩や外あそびが空腹を促し，夕食をしっかり食べて，夜には良好な睡眠や生活リズムの整調につながり，ひいては自律神経機能が亢進されていく。

図4-10　楽しい外あそび

2歳児クラスになると，歩くことや走

ることが一層安定するので，クラス全体で，友だちといっしょに外あそびができる年齢でもある。デイリープログラムの中に，午前も午後も外あそびをして，身体活動量を増やしていくと，幼児クラスになって，調整力や空間認知能力も身につき，けがをしにくい子どもになっていく。さらに，体温の調整をつかさどる自律神経機能が亢進され，丈夫な子どもに育っていく。

演習課題
課題1：ずり這い・四つ這い・高這いについて，観察してみよう。
課題2：全身運動を促す環境構成を，月齢に応じて考えてみよう。
課題3：手指を使うおもちゃについて，月齢や年齢別に考えてみよう。

コラム　　高這い（クマさん歩き）のすすめ

　両手両足（四肢）をつかっての移動は，腕や脚の筋力が強くなるだけでなく，全身の筋力が強くなる。子どもは赤ちゃんとして生まれ，日々（発育・発達をしながら）の成長を通して，首が座り，寝返りをうち，お座り，ずり這い，這い這い，高這い，つかまり立ち，二足歩行，と順を経てできるようなる。そして，保護者は，子どもが少しでも早く二足歩行ができると大変喜ぶ。

　今の子どもたちは転びやすい，転んでも手が出ないでそのまま顔面を打つ，手が出たとしても腕を骨折してしまう等の報告が多くされている。高這い（クマさん歩き）は腕の筋力を強くするだけでなく，骨も強くする。人は太古の昔から常に重力に反して生活をしながら進化を繰り返し，今がある。腕で自分の体を支える高這いは腕の骨に圧がかかり骨を強くし，筋力も強くする。宇宙飛行士が宇宙へ行って地球へ戻ると，骨や筋力が弱くなることが知られているが，それは重力のない無重力空間で過ごすことによって起こることからもわかる。

　生活様式が畳に座る生活からテーブルと椅子へと変わり，便利グッズも増えたこと等から，手を床について雑巾をかけるといったことはまったくといってよいほどなくなってしまった。テレビを観れば除菌や殺菌のコマーシャルがすぐに目に飛び込み，保護者は，自分の子どもが床や地べたに手をついて遊ぶことを嫌う傾向が強くみられる。

　成長の過程で這い這いや高這いを十分に体験してきた子どもでありながら，二足歩行ができるようになったのちに，腕で自分を支えることが激減してしまった子どもは，高這いで思い通りにうまく歩くことができない。高這いで，直進・曲がる等，いろいろな方向へ自在に歩きまわり，その動きや方向に則した手のつき方や肘の使い方が獲得されることは，あそびや運動の発展，転倒時のけがの回避や安全にもつながる大切なことである。また，高這いを繰り返すことによって，目的とする進行方向を見据えて目線が上がるようになる。これは首や背中の筋力を強化する。からだを支える腕や脚，からだのアーチ（土台）を支える腹筋も十分に刺激する等，高這いは全身運動である。スポーツ選手が体幹（インナーマッスル）を鍛える話をよく聞くが，高這いは生きる上で重要な背筋や腹筋，腕や脚など，体幹が鍛えられ，強いからだの基礎ができるのである。

直進

Uターン

第5章 幼児体育とは

> 幼児体育は，各種の身体運動や運動あそびを通して，幼児に教育的角度から指導を展開し，運動欲求の満足と情緒の解放，身体諸機能の調和的発達を図るとともに，精神発達や知的発達を促し，社会性を身につけさせて，心身ともに健全な子どもに育てていこうとする営み（人間形成）である。実際の運動実践の場では，からだを動かすことを通して，生涯にわたって，心身ともに健康的に生きるための基礎を培うことが重要である。

1 幼児体育とは

「体育」を身体活動を通しての教育と捉えると，「幼児体育」は，各種の身体運動（運動あそび，ゲーム，スポーツごっこ，体操，リトミック，ダンス等）を通して，幼児に教育的角度から指導を展開し，運動欲求の満足と情緒の解放，身体の諸機能の調和的発達を図るとともに，精神発達や知的発達を促し，社会性を身につけさせて，心身ともに健全な子どもに育てていこうとする営み（人間形成）であると考えられる。

現代の幼児は，社会環境や生活様式の変化から，からだを動かして遊ぶ機会が減少していると考えられている。多様な動きの獲得や体力・運動能力の低下が顕著である。運動・スポーツに親しむ資質や能力の育成を阻害し，意欲や気力の減退など，子どもの心身の発達・成長にも重大な影響を及ぼしている。さらには，対人関係をうまく構築できず，コミュニケーション力の低下など，心身の発達にもネガティブな影響を及ぼしていることが懸念されている。

このような状況を踏まえると，幼児期に主体的に身体活動を生活全体の中で確保していくことが大きな課題となっている。

幼児期は，運動機能が急速に発達し，多様な動きを身につけやすい時期であり，この時期にからだを動かすあそびを中心とした身体活動を行うことは，基本的な動作スキルを身につけるだけではなく，積極的に活動に取り組み，生涯

にわたって健康を維持し，豊かな人生を過ごすための基礎づくりとなるものである。普段の生活で必要な動きをはじめ，地震や災害など，万が一のときに自らを守る動きやスポーツに結びつく動き等，多様な動きを身につけやすくなる。

　よって，子どもたちが様々な活動を経験し，心身ともに健全な生活が送れるよう，「幼児体育」の使命がある。

2　体育あそびと運動あそび

　「体育あそび」は，教育的目標達成のため，知的な面や精神的な面，社会的な面などを考慮した体育教育的営みのある「運動あそび」のことをいう。

　「運動あそび」とは，大筋肉活動を伴う，自発的なあそびである。その「運動あそび」を用いて，子どもたちの人間形成，いわゆる教育をしようとして，用いられた場合，その「運動あそび」を「体育あそび」と呼んでいる。つまり，「運動あそび」では，飽きたり，つまらなくなると止めたりすることが可能であるが，「体育あそび」として行う場合には，簡単に止めることはできない。友だちといっしょに協力して活動したり，決まった時間の中で行うことで，自分の好きな時に勝手にやめることはできないのである。つまり，努力したり，がまんしたりするプロセスを生じるのである。

3　幼児体育のねらい

　幼児期における運動は，適切に構成された環境の下で，幼児が自発的に取り組む様々な活動を中心に，からだを動かすことを通して，生涯にわたって心身ともに健康的に生きるための基礎を培うことが重要である。幼児の身体諸機能を十分に動かし，活動意欲を満足させることは，幼児の自己肯定感を育むことにつながっていく。

　運動実践の場では，運動技能の向上を図ることを主目的とするのではないということを念頭において活動に取り組んでいきたい。まずは，子どもたちの心を育んでいくために，幼児体育のねらいにおいて大切にしたいことは，次の3点である。

① 　子ども自身で課題を見つけ，自ら考え，主体的に判断して行動していく意欲と強い意志力を育てる。

② 　他者と協調し，友だちを思いやる心や感動する心がもてる豊かな人間性を育てる。

③ 　健康生活を実践できる体力や運動スキルを身につけさせる。

4 幼児体育の指導法

　幼児体育指導においては，指導者の子ども観に委ねられることが大きい。幼児期は心身の発達・成長が著しい時期だが，その発達・成長は同じ年齢であっても個人差が大きいので，子どもにからだを動かすあそびを提供するにあたっては，一人ひとりの発達・成長に応じた配慮が必要である。

(1) 指導の方法

指導法については，次の2点が示される。
① **直接行動の指標を示す指導**：運動の内容についてはもちろんのこと，子どもたちが活動しやすくなるよう，運動のルールや安全上のきまりに関するものが多くなる。
② **子どもたちに考えさせる指導**：指導が一方的にならないよう配慮し，子どもたちの望ましくない行動が表出したときには，子どもたちに考えさせていくことが求められる。また，この指導が対象児に適しているかを見極めていく必要がある。

(2) 指導のテクニック

　幼児体育の指導者は，それぞれの子どもたちが成功するように援助していく必要がある。示範や模範など，多様な指導テクニックを用いていかねばならない。指導者自らが，活動や生活においても，よきモデルとして道しるべとなる努力を惜しまない姿勢が求められる。
① 望ましい行動を認め，他の子どもにも伝えていく。望ましい行動は，その場でタイミングよく認めて称賛したり，他の子どもたちにも広く周知していく。望ましくない行動の場合には，望ましい行動を示したり，婉曲的な指示を試みて，子どもたち自身が気づくようにする。
② 表情や態度で示す。指導者は，子どもたち自身が考えたり，判断する材料を様々な場面で言語的表現，非言語的表現を使い，明確に示していく。
③ 指導者の存在が，子どもの注意を喚起する。指導者の存在そのものが，子どもたちの活動に大きな影響を与えていくことを常に忘れずに，指導に当たることを心がけていく。

5 幼児体育の指導内容

(1) 基本運動スキル (Fundamental movement skills)

基礎的な運動スキルは，生涯の中で経験するスポーツやダンス，体操，回転運動，体力づくりの専門スキルづくりの土台となるものである。

表5-1 基本運動スキル

移動系運動スキル	歩く，走る，這う，跳ぶ，スキップする，泳ぐ等，ある場所から他の場所へ動くスキル
平衡系運動スキル	バランスをとる，渡る等，姿勢の安定を保つ動作スキル
操作系運動スキル	投げる，蹴る，打つ，取る等，物に働きかけたり，操ったりする動きのスキル
非移動系運動スキル（その場での運動スキル）	その場で，ぶらさがったり，押したり，引いたりする動作スキル

(2) 知覚運動スキル (Perceptual-motor skills)

知覚した情報を受け止め，理解・解釈し，それに適した反応を示す能力（身体認識，空間認知，平衡性，手と目・足と目の協応性の能力）を促進させる。

表5-2 知覚運動スキル

身体認識 (Body awareness)	頭，目，鼻，耳，足，腕，腹，背中などの身体部位の見極め
空間認知 (Spatial awareness)	上下の概念，左右の概念，前後の概念などの空間的な認知能力
平衡性 (Balance)	平衡性とは，バランスを保つ能力のことであり，以下の2種類にわけられる。 ① 動的平衡性：平均台の上を歩くように，動きながらバランスをとる。 ② 静的平衡性：片足立ちのように，静止した状態でバランスをとる。
協応性 (Coordination)	手と目，足と目などの協応性を必要とする動きを正確に行えるようにする。

(3) 動きの探究 (Movement exploration)

頭や腕，手，脚，足のような基本的な身体部位の名称や位置の見極めができるようになり，動きの中で使用する身体部分を理解させていく。

動いているときの空間や方向など（前後，上下，左右）への移動を重視し，安全に効率のよい動きをコントロールできるようにする。また，用具や用品なども，多様に，かつ創造的に操作できるようにする。

（4）リズム（Rhythms）

音楽や動きに合わせてリズミカルに拍子をとったり，踊ったりする。さらに，喜怒哀楽の感情も表現できるようにしていく。

（5）体操（Gymnastics）

バランス運動のような回転運動やマット運動などの実践などを行う。ぶら下がったり，支えたり，登ったり，降りたりする簡単な器械運動も加えていく。

（6）簡易ゲーム（Games of low organization）

簡易ゲームの中で，動作や知識，協調性の能力を熟達できるようにする。簡単な動きの連続により，操作能力を身につけさせていく。

（7）水あそび・水泳（Swimming）

水中で支えたり，沈まずに浮いたりして，身体を推進させて調整できるようにする。水中で連続して動けるようにし，水中でからだがどのように動くかを理解できるようにする。

（8）健康・体力づくり（Health related fitness）

体力づくりに興味・関心をもつように工夫する必要がある。自己の生活の中で健康の原理を適用できるようにする。バランスのとれた食事の基礎的知識，身体部分や器官のはたらき等を理解し，運動の重要性の認識と体力を高める運動の実践が行えるようにする。

● 演習課題

課題1：なぜ幼児体育が求められているのか，幼児体育の必要性をまとめよう。
課題2：幼児体育における指導上の留意事項をまとめよう。
課題3：4つの運動スキルから1種目ずつ「運動あそび」を創作しよう。

第5章　幼児体育とは

コラム　背倒立（スカイツリー）のすすめ

　近年，子どもたちの運動指導に関わる先生方や，就学前施設（幼稚園・保育所・認定こども園など）・教育現場（小学校）の先生方から，子どもが逆さになることができない，逆さになる姿勢に対して非常に怖がる，パニック状態になる等の声が多く聞かれるようになった。

　現代は，安全の確保が最優先され，園庭や公園の遊具なども，常に頭は上にあり足は下といった具合で姿勢変化に乏しく，逆さ感覚が獲得されない子どもが増えている。小学校の体育の授業でも，逆さになることに恐怖を感じて授業が進まないといった声も聞かれる。

　筋力の弱い幼児には，倒立のように腕で逆さまの姿勢を保つのは困難であるが，この背倒立は仰向けに寝た姿勢から両足を上へあげるため，幼児でも逆さ姿勢を保ちやすく，逆さ感覚の獲得に大変有効である。神経系の発達の著しい幼児期に獲得した感覚はからだに刷り込まれ，そう簡単には忘れない。逆さ感覚は大きい姿勢変化であり，逆さ感覚を獲得することは，より多くの運動へ発展し，楽しめることが増えることから自信もつく。そして他の友だちから○○あそびをしようと誘われても，多様な運動に対応できる幼児は，気軽に何にでも参加できるので人間関係も広がり人気者になる。

　実施に際しては，幼児の年齢や体力によってできることから始める。① 仰向けに寝た姿勢から足と腰を上へあげる。② さらに腰を上へあげて，肩口で体重を感じ，頭が下・腰が上，そして天井が見えるようにする。③ 逆さ姿勢で，つま先を天井に届けとばかりに高く上げ，腰を手で支える（背倒立）。④ 背倒立に慣れてきたら，腰を支えていた手を離し，肘で支える。

＊④の背倒立での肘を後ろに引き，足を頭の上にあげる逆さ感覚（肘は下へ，腰は上へ）は，鉄棒の逆上がりにもつながる。
＊両足を高く上げることは大切だが，まずは，膝が曲がっていても逆さ（頭が下で足が上）の姿勢を保ち，足と腰がどの位置にあったら楽に逆さ姿勢が維持できるかといった逆さ感覚の獲得が大切である。

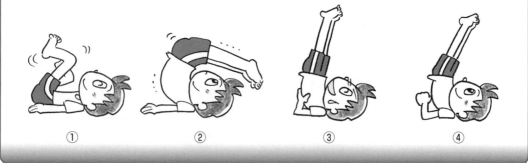

① ② ③ ④

第6章 運動発現メカニズムと運動発達

　運動は，刺激に対して，受容器（感覚器）がその感覚を捉え，脊髄を経由して，刺激を大脳に伝える。大脳で，その刺激を認識して，判断し，命令を出す。命令は，脊髄から運動神経に伝えられて筋（実行器）に到達し，筋が収縮して，運動発現となる。この仕組みが，運動発現のメカニズムである。また，幼児期の運動で見られる4つの基本運動スキルは，反復練習によって，連絡回路が鍛えられ，上達していき，専門スキルの土台となっていく。

1　運動発現

　運動とは，「身体活動」を意味する。日常，無意識に行っている腕の曲げ伸ばしや，足を引き上げて階段を上る等の運動から，高度なスポーツを行う活動まで，からだを活動させるために必要な運動は，骨格筋が活動することによって発現している。ヒトのからだには約400個の骨格筋が存在し，体重の約50％を占めている。ヒトが運動を円滑に意図するように滑らかに行うには，骨格筋に作用する神経系の基本的な働きが関与している。運動を巧みに行うためには，脳における情報処理と脳からの命令が重要である。からだを動かす時に，

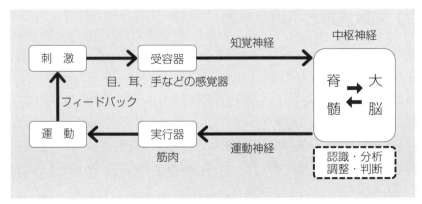

図6-1　身体運動の発現の過程
出典）前橋 明：幼児の体育，明研図書，p.13，1988.

第6章 運動発現メカニズムと運動発達

「どのように動く」か，ということを脳が判断して，その命令が筋へ伝えられ，筋が収縮して活動となる。筋を活動させる命令を伝えるのが神経である。活動した筋の感覚は，再び脳に伝えられ（フィードバックされ），動きに関する情報を整理し，次の動きを判断して筋を動かすことになる（図6-1）。このような脳への情報伝達の繰返しから無駄な動きの少ない運動へと移行していく。調和のとれた運動発達を促すために，幼児には多様な動きの経験を繰り返し行うことが必要である。

（1）中枢神経と末梢神経

脳および脊髄を，中枢神経という。中枢神経系は，末梢からの情報を受けながら，随意運動・反射の調節を行っている。

中枢神経系以外の神経系を，末梢神経系という。末梢神経系は，中枢神経系から，情報を筋や実行器に伝えたり，生体内外の情報を中枢神経系に伝達する働きをもつ。機能的には，運動や感覚などに関与する体性神経と，呼吸や循環などに関与する自律神経にわけられる（図6-2）。

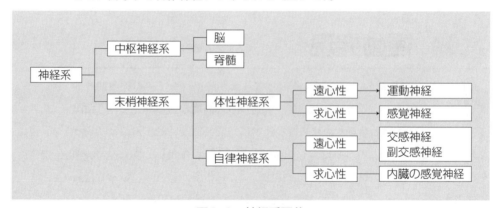

図6-2　神経系区分

出典）大学生の健康・スポーツ科学研究会：大学生の健康・スポーツ科学，道和書院，pp.103-107，2007より作成．

（2）随意運動と不随意運動

筋の活動には，自らの意志によって行われる随意運動と，意志とは無関係に行われる不随意運動がある。

随意運動は，刺激に対して受容器（感覚器である目，耳，手など）がその感覚を捉え，脊髄を経由して刺激を大脳に伝える（求心性経路）。大脳でその刺激を認識して，判断し，命令を出す。命令は，脊髄から運動神経に伝えられて筋に到達し，筋が収縮して運動発現となる。この仕組みが運動発現メカニズムといわれるものである。

不随意運動には，反射運動と自動運動がある。反射は，刺激が大脳を経由し

ないで，不随意的に反応する運動のことである。刺激→受容器→脊髄→運動神経→実行器の経路で伝えられ，大脳に刺激が伝えられる前に，情報の中継所である脊髄からすぐに運動神経に情報が伝えられ，意識する以前に運動を起こす仕組みとなっている。反射には，脊髄反射と自律神経系の反射がある。脊髄反射には，膝蓋腱反射，アキレス腱反射があり，自律神経反射としては発汗反射があげられる。

自動運動とは，運動を繰り返し行うことで，受容器・知覚神経・大脳の回路・運動神経・実行器・それぞれのフィードバックシステム等が発達し，意識しないでも素早く滑らかな反応動作ができ，運動を行うことができるようになることである。それらを運動の自動化あるいは自動運動という。これは，運動発達の過程でみられる運動技術上達のプロセスであると考えられる。初めての動作は，ぎこちないが繰り返すことで動作が滑らかになり，特別の意識を伴わないで，機械的で効率的な反射的要素が多く感じられる身体活動が行えるようになる。

（3）運動発達

運動発達とは，からだを動かす機能の発達のことである。

身体運動は，筋肉を動かす運動であることから，筋肉を動かすためには神経系に支えられていると同時に呼吸・循環器系や他の内臓器官の発達，精神，情緒，社会性など，様々な能力の発達が互いに刺激し合い，支え合っている。年齢や発育レベルに応じた運動を繰り返し行うことで，筋肉や神経系だけでなく，呼吸・循環器系やその他の内臓諸器官や精神，情緒，社会性なども発達させていくことで身体活動をダイナミックにして

表6-1　運動発達のめやす

月　齢	運　動
0～1か月	・肘や膝を軽く曲げている ・手足を左右ほぼ同じ様に動かす ・手のひらに触れたものを握る（把握反射）
3～4か月	・立て抱きで頭がぐらつかない（首すわり） ・支えて立たせると両足に少し体重をかける ・両手を合わせて遊ぶことがある
6～7か月	・寝返りする ・支えなしで座る（おすわり） ・手に持っているものでテーブル等をたたく
9～10か月	・這い這いする ・何かにつかまって一人で立ち上がる ・親指を使って小さなものをつかむ
12～14か月	・ぎこちなく歩く（一人歩き） ・階段を這ってのぼる ・めちゃくちゃ描きをする（なぐり描き）
18～20か月	・音楽に合わせて全身を動かす ・片手を支えられて階段をのぼる ・積木を2～3個重ねる
2歳	・両足でピョンピョン跳ぶ ・自分でボールをける ・本のページを一枚ずつめくる
3歳	・三輪車をふんで動かす ・ぶらんこに立ってのる ・丸を描く
4歳	・でんぐり返しをする ・片足でケンケンをして跳ぶ ・正方形を描く
5歳	・スキップを正しくする ・なわぶらんこに立って自分でこぐ ・ひもを片結びに結ぶ

出典）厚生労働省：平成22年 乳幼児身体発育調査報告書より作成．

第6章　運動発現メカニズムと運動発達

いく。このように，幼児期の子どもは，生活体験を拡大して多様で高度な運動を経験していくことにより，運動発達し，体力・運動能力をつけていく。

（4）幼児期の運動と運動能力

　幼児期になると，走力，跳力，投力などの基礎的な運動能力が備わってくる。はじめは全身運動が多くみられ，繊細さや滑らかな動きではない。子どもに興味のある運動あそびを自発的に繰り返し経験させることが大切だといわれるのは多様な運動あそびを経験する中から，運動能力を獲得し，器用な身のこなし等の運動ができるようになっていくからである。また，スキャモンの発育曲線（図4-5，p.44）にも示されるように幼児期は神経系の発達が著しい時期であり，成人の90％近くまで発達するといわれ，脳と筋の調整や全身の協応性が育ち，巧みな動きができるようになり，情緒も発達してくる。この時の周囲の積極的な運動への働きかけが運動能力を育むことにつながる。図6-3からも，呼吸・循環機能を高めるような持久力系の運動を長く行う能力や，筋力・瞬発力という運動を力強くはやく行う能力が育つ時期は，幼児期を過ぎて少し先であることがうかがえる。

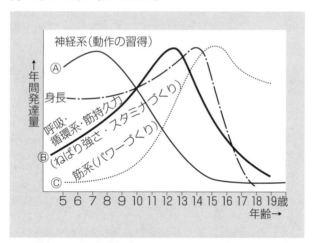

図6-3　運動能力や体力はいつごろ発達するか
出典）宮下 充正：子どものスポーツ医学，小児医学19，p.879，1986.

2　運動時に育つ能力

（1）基礎的な運動スキル

　移動運動やその場での運動，バランス運動，操作運動などの基本運動を理解して，運動を行い，身体のもつ機能に気づかせ，動きを練習する中で，自信や

意欲，ねばり強さ等の精神面での能力もつけていく。これらの基礎的な運動スキルは，生涯の中で経験するスポーツ，ダンス，体操，回転運動，体力づくり等の専門的スキルの土台となっていく。

　幼児期は一人ひとりの発達の個人差が大きい時期である。運動時に育つ能力にも経験の多さや多様さが大きく影響していると考えられる。子どもが楽しく何度もしてみたいと感じるように配慮し，様々な運動あそびを経験させることが大切である。

　幼児は身体の割合として頭が大きく，大人より重心が高い位置にあるので，バランスを崩しやすいことを理解しておくことや，用具を操作する運動あそびでは，目で見たものからタイミングを計って取る等，2つ以上の事がらを組み合わせて行う能力（調整力など）を育てる運動あそびを心がける等が必要である。

(2) 身体認識力

　身体部位（手，足，膝，指，頭，背中など）の把握とその動き（筋肉運動的な動き）を理解・認識する力である。自分のからだがどのように動き，どのような姿勢になっているかを見極める力ともいわれる。自分自身の姿に気づき自分というものを的確にとらえ，自分自身の身体部位について知ることは，考える力を発達させる基になるといわれている。

(3) 空間認知能力

　自己のからだと自己を取り巻く空間を認知して，四肢の運動やその方向を判断することができたり，自分のからだの位置関係（上下・左右・高低など）を理解する能力である。この能力があれば，ものがある場所・方向・距離・大きさなど，物体が三次元空間に占めている状態や関係を，すばやく正確に把握，認識し，安全に動き，事故を防ぐことができる。

　テレビゲーム等の画面を見て遊ぶことは2次元の情報処理ですむが，からだを動かすには3次元の情報処理が必要である。多様にからだを動かす運動あそびを経験することによって，より筋肉も発達し，身体認識力，空間認知能力ともに発達させていくことが肝要である。

● 演習課題
課題1：手と足にある大きな筋肉の名前を調べてみよう。
課題2：大脳の働きを調べてみよう。
課題3：3歳の幼児はどんな動きができるか観察してみよう。

第6章　運動発現メカニズムと運動発達

コラム　　公園での安全な遊び方

●公園で安全に楽しく遊ぶための約束事を知っておきましょう。

●**服　装**

なるべく動きを妨げない服装がよいでしょう。挟まったり，引っかかったりする危険がないよう，遊ぶ前に大人がきちんとチェックをしてください。

＊上着の前を開けっぱなしにしない。

＊カバンは置いて遊ぶ。

＊靴は，しっかり履いて脱げないようにする。

＊ひもつき手袋はしない。

＊マフラーは外す。

●**遊　具**

安全な遊具でも，使い方を誤るとけがや事故が起こります。はじめて遊ぶ遊具は，大人が事前に確認して，使い方を子どもに教えましょう。特に子どもに伝えておきたいのは，以下のことです。

＊遊具にひもを巻きつけて遊ばない。

＊上から物を投げない。

＊壊れた遊具では遊ばずに，壊れていること（ところ）を大人や先生に知らせよう。

＊濡れた遊具では遊ばない。

＊飛び降りない。

第7章 幼児体育指導上の留意事項

　子どもの周辺には，様々な危険があり，事故防止には，日常のあそびの中での危険な行動について，機会を捉えて臨機応変に指導することが大切である。さらに，自分で自分の身を守る能力の低い幼児の安全を確保するとともに，幼児の安全能力を日頃から高めるために運動能力も高めておくことが重要である。また，動きを活発にして，危険を回避できる運動能力を高めてあげたいが，運動のためにも機能性を十分考慮した靴選びも大切といえる。

1　安全環境への配慮

(1) 園庭・運動場における安全の確保

　幼児期の心身の発育・発達の特性をみると，身体的な発育・発達に伴って，活動が活発になり，活動範囲も広がり，挑戦的なあそびや冒険的なあそびを好むようになる。また，自己中心的で，衝動的な行動をとりやすいこと，あそびの技術が未熟なこと等によって事故が多発している。園庭でのあそびは，自主性，自発性が発揮される大切な場面であるが，園庭でのあそびも間違えれば友だちを傷つけたり，思わぬ事故が発生したりする。幼児は外に出ると，開放的，活動的になる。園庭での事故事例をみると，自己中心的，衝動的な行動が原因で事故が発生していることが多い。園庭に関係した事故を防止するためには，日常のあそびの中で危険な行動について機会をみて臨機応変に指導をすることが大切である。また，幼児一人ひとりの動き，情緒の傾向を把握し，その場に合った指導と保護を行い，自身で身を守る能力の低い幼児の安全を確保するとともに，幼児の安全能力を高めるようにすることが大切である。

(2) 運動中の注意

① 運動中，興奮しすぎていると危険が生じやすいので，一度，気持ちを静めることが大切である。
② 個々の子どもの健康状態や疲労度を観察し，運動量や内容の調整をすることが大切である。
③ 疲れてくると，注意散漫になったり，事故が起きやすくなるので，途中に休憩を入れながら活動をする。
④ 運動することに慣れてくると，大胆な行動や危険な行動になることがあるので注意する。
⑤ 日常の活動が大胆な子どもや，注意が散漫になりやすい子どもには，適時言葉かけをする。
⑥ 年齢が異なる子どもがいっしょに遊んでいるときは，衝突することも予想されるので，衝突しやすい場所には保育者が立ち，注意する。

(3) 動線への配慮

子どもの動く動線を考えると，特有の動きや危険と思われる行動がある。

運動場面でスピードが加わると急に止まることができないことや，遊具特有の動きに対応ができないことから，けが，事故につながりやすいので，環境設営や指導に注意を促すことが必要になる。年齢や理解度により，注意するポイントは異なる。また，活動によっても異なる。

2 指導上の留意点

幼児期の運動体験や身体活動では，「楽しかった」「できた」「恥ずかしい」「できなかった」「痛い」等，多様な経験を積む。

「うまくなった」「できるようになった」ことは，嬉しいし，楽しいことにつながる。その結果，自分の運動能力に対して自信をもつようになる。一方，「できなかった」「苦しい」「痛い」等の負の経験をすることがある。当然，誰にでも，できない運動や苦手な運動はあるものである。中には，その思い出が嫌な記憶として残り，運動そのものを嫌いになってしまう場合もある。子どもにとって，「できないこと」が運動を回避してしまう行動につながることもあるので，本来，その運動を習得すべき最適な時期を逃すことがないように注意する必要がある。そのために，保育者は子どもの発達段階をしっかり把握し，

運動指導をするように心がけることが重要である。

(1) してみたい，楽しいと思える教材を準備する

　子どもたちがしてみたいことをみつけ，遊ぶことのできる環境を整え，思いきりからだを動かして運動量を確保する展開が大切である。一斉指導をするときは，運動量の多いものから最初に行うように展開する。子どもは，元々じっと黙って静かにしているより動きたいという欲求が大人より大きいので，最初に保育者の話を聞くという展開よりも，まず全身を使う運動を行ってからの方が次の流れがスムーズな場合が多い。

(2) 発育・発達に沿った系統性のある教材を工夫する

　運動刺激において必要となってくる動作や技術には簡単なものから，より複雑なものまでの系統性がある。やさしいものから難しいものへ段階指導することが必要である。また，グループでのあそびは，少人数から行うことが望ましい。

(3) わかりやすい，イメージしやすい言葉かけをする

　「もっと○○しよう」，「○○の時に○○しよう」，「○○のように足を動かそう」等のような具体的でわかりやすい言葉かけが必要である。運動は，具体的な目印があると全力を出しやすい。遠くに跳ぶときには，「赤い線まで跳んでみよう」や，高く跳ぶときには「青いボールに届くように跳んでみよう」等と具体的な目標を示す方がわかりやすい。

(4) 結果にこだわらず，ほめる言葉かけをする

　個に応じた能力や経験を十分に配慮し，関わることが大切である。できたことへの賞賛はもちろん，できない子ども，自信のもてない子どもへは保育者がいっしょに動きながら，よいところを認める言葉をかける。また，それまでの過程の中で，子どもの意欲や態度，時には勇気に対しても目を向け，言葉をかける姿勢をもつようにする。

(5) 安全への配慮をする

　初めての運動を試みるときには，どの子どもも最初は緊張するので，保育者が近くにいるだけで安心して活動に取り組めることが多い。直接に手を添えなくても，保育者の存在が心理的な補助をしているといえる。特に運動が得意でない子どもには，最初は支えたり，からだを保持したりして補助し，新しい運

動への感覚を体験することが必要である。うまくできるようになれば，補助を少なくし，一人で取り組めるようにする。安全には十分な配慮が必要であるので，保育者は事故やけが等への対処の仕方はもちろん，事前の予測やそれに伴う事前の準備が必須となる。

3 服装教育

(1) 事故の原因の4分類

子どもの周辺には，様々な危険がある。子どもの事故の原因は，① 危険な環境，② 危険な行動，③ 危険な心身の状態，④ 危険な服装の4つがあり，それが相互に関連し合っている。

1) 危険な環境

子どもを取り巻く生活環境や自然環境などの危険のことである。例えば，暗すぎる，明るすぎる，狭すぎる，広すぎる，高すぎる，低すぎる，突き出ている，へこんでいる，浅すぎる，深すぎる，寒すぎる，暑すぎる，小さすぎる，大きすぎる，長すぎる，短すぎる，見えにくい，聞こえにくい，聞き間違えやすい，細すぎる，太すぎる，軽すぎる，重すぎる，光りすぎる，目立たない，簡略すぎる，複雑すぎる，障害物がある等である。

2) 危険な行動

子どもが規則や約束事を守らない，自分の能力以上のことをしようとする，自分中心の行動をとる等，子どもの側に存在する各種の危険行動のことである。例えば，無知，機能の未発達，仮想と現実の混同，無謀，冒険的，好奇心によるいたずら，規則違反，自己流作業，技能の未熟，礼儀や作法の無視，精神的に幼稚，誤解，誤認，錯覚などである。

3) 危険な心身の状態

事故は，不安定な精神状態や身体的な欠陥によって起こる。不安定な精神状態とは，心配事がある，怒っている，叱られる，あわてる，注意が散漫である，夢中になる，はしゃいでいる等である。身体的な欠陥とは，睡眠不足，疲労，病気，空腹などである。

4）危険な服装

子どもが実際に身につけていたものが原因で起こる危険のことである。装飾が多すぎる，肌を露出しすぎる，くるみすぎる，重量が重すぎる，脱ぎにくい，長すぎる，短かすぎる，厚すぎる，薄すぎる，色彩が明るすぎる，暗すぎる，被り物が目や耳の働きを妨げる。

4 靴教育

子どもの運動場面は，屋外と屋内の二種がある。屋内でも活発に走り回ったり，運動をしたりする場面は多くあるため，上履きも外履き同様，機能性を十分考慮して選ぶ必要がある。靴選びの条件としては，① 運動に適した素材と物性，形状であること，② 運動を妨げない適正サイズであること，さらに，この2点を満たした靴を，③ 正しい履き方で履き，正しい脱ぎ方で脱ぎ，次に履く時に正しい履き方ができる形で収納することを生活習慣動作として身につけること，が大切である。この3つが不可欠であり，そのことを保育者が正しく理解し，保護者と子どもに教育する必要がある[1]。

1）吉村眞由美：幼児体育のための靴教育・シューエデュケーション®，幼児体育学研究5(1)，pp.3-14，2013.

(1) 運動靴（外履き）の選び方

1）形状・留め具の条件

子ども靴の形状には4つあり，それぞれの特徴は以下の通りである。

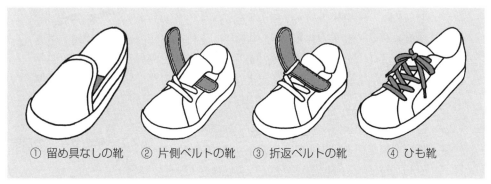

① 留め具なしの靴　② 片側ベルトの靴　③ 折返ベルトの靴　④ ひも靴

図7-1　子ども靴の4つの形状

① **留め具なしの靴**：脱ぎ履きは簡単だが，留め具がないため，足を固定できず運動には不適切。脱げる危険性も高いため，使用すべきではない。

② **片側ベルトの靴**：簡便で安価なため，子どもの7～8割が履いている。折り返しベルトより，固定力は弱い。ただし，正しい履き方ができれば，折り返しベルトと同じ機能性が期待できる。

③ **折返ベルトの靴**：スポーツメーカーの靴に多い。足へのフィット調節が

しやすく，固定力が強い。ただし，子どもにはベルトをゆるめたり，締めたりする操作が難しいため，使いこなせない場合も多い。
④ **ひも靴**：足への適合性としては最も優れているが，ひも靴を面倒がる日本人は結びほどきが困難なため，幼児靴には使われない。

2）素材・付属品の条件

アッパー（上部）はデザインに応じて，メッシュ状の繊維素材，合成皮革などが組み合わされていることが多い。運動用の靴としての条件は，足を保護・安定させる剛性（強さ）である。かかとは幅が広すぎず硬さのあるものがよい。ソール（底部）は，適度な厚みと弾力性があり，歩行時・走行時の衝撃を吸収してくれるものが望ましい。また，親指の付け根の位置にある関節が大きく曲がる部位（つま先から3分の1の位置）がしなやかに曲がって踏み返しがしやすく，他の部位は曲がらないものが足の運動性を助けてくれる。また，中敷きは取り外せるものが衛生上好ましく，洗濯時の利便性も高い。また，足の大きさと靴の適合の確認や履き方状態の確認もできるため，靴選びの必須条件である。

3）靴サイズの選び方

靴のサイズは，足の長さと横幅・太さの組み合わせで決められている（図7-2）。足を測定し，成長のゆとりを加えて選ぶ。幼児〜児童期は，1年で約1cm足長が成長するといわれている。そのため，足の測定値より0.5cm大きいサイズを半年ごとに交換するか，最大でも1.0cmまでのゆとりに抑えるべきである。常に大きすぎる靴を履かせることは危険なだけでなく，適切な靴の着用感覚を鈍らせ，ゆるい状態で靴を履く習慣を引き起こす原因となり，危険である。

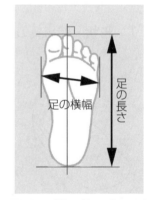

図7-2 靴のサイズの目安

幼児期は，足の成長だけでなく，運動機能も著しく発達する大切な時期であるため，適切なゆとりの範囲に抑え，元気に運動できる足元環境を確保する。

（2）室内靴（上履き）の選び方

基本的に外靴と同じ視点で選ぶ。マジックベルトで調節できるものが望ましい。調節できないバンドバレー型などの靴は安価だが，脱げやすく危険なので避ける。

（3）正しい履き方と誤った履き方

〔**教えたい正しい履き方と脱ぎ方の流れ**（片側ベルトの場合）〕

長時間・長距離歩いたり運動をする際には，必ず確認し，適合性を確かめる。

① ベルトをゆるめてから足を入れる。② かかとをトントンする。③ 両側を引き寄せ，足にフィットさせてベルトを留める。④ ベルトをゆるめてから脱ぐ。

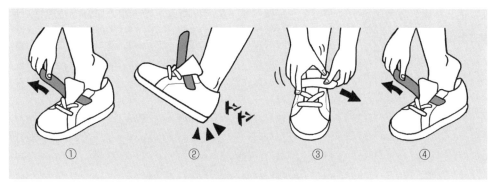

図7-3　正しい履き方と脱ぎ方の流れ

〔**やめさせたい間違った履き方と脱ぎ方の流れ**（片側ベルトの場合）〕

① ベルトをゆるめないで，そのまま足を入れる。② つま先をトントンする。③ ベルトを留め直さない。④ ベルトをゆるめないで，そのまま脱ぐ

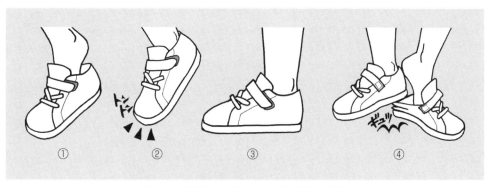

図7-4　間違った履き方と脱ぎ方の流れ

特に履き方教育は，基本的生活習慣として身につける必要がある。現在は，日本人の鼻緒文化の影響から誤った履き方が横行しているが，日本には靴の教育が未整備であるため，仕方がない[2]。本テキストで新しい「足元教育」の知識を得て，① 子どもへの履き方教育と② 保護者への靴選び教育を行うことで，子どもたちの健やかな育ちと運動機能向上の基盤づくりを行う必要がある。

2）吉村眞由美：小児科での靴教育の必要性，日本小児科医会会報52，pp.44-47，2016．

第7章　幼児体育指導上の留意事項

● **演習課題**

課題1：「安全」という言葉でイメージすることはどんなことだろうか。また，幼児体育指導上，子どもの「安全」を守るための環境設定にはどのようなことが必要だろうか。

課題2：幼児体育の指導において，子どもとのかかわりで配慮する点はどのようなことだろうか。

課題3：足幅が広い子どもと足幅が狭い子どもの靴選びで，注意すべき点はそれぞれどのような点だろうか。

課題4：靴の正しい履き方と脱ぎ方について，片側ベルト靴と，折返ベルト靴の場合で整理し，具体的な指導法を考えてみよう。

第 8 章　障がい児の体育指導

　一般に，障がい児は，揺れ動いたり，高い位置での活動になると怖がることが多いので，マット運動や平均台渡り等では，低い位置でのあそびや運動から始めるとよい。また，様々な運動遊具を使って，からだを動かすことはバランス感覚や注意力，身体認識力，からだの使い方などの面において，発達を促すことが期待できる。さらに，協応的な動きの発達を促進するトランポリン運動や平均台，はしご渡り等を組み合わせたサーキット運動も有効である。

1　障害の分類

（1）障害の分類[1]

　障がい児の体育指導は，健常児と異なり十分な注意が必要である。発達の特性をよく理解した上で，一人ひとりの障害にあわせた配慮をした上で適切な体育指導を行うことが重要である。

1）日本幼児体育学会編「幼児体育 理論と実践 初級」大学教育出版，2016, pp.21-60.

表8-1　障害の分類

視覚障がい児	障害の程度によって，盲，準盲，弱視に分類される。「盲」は矯正視力0.02未満，「準盲」は矯正視力が0.002以上0.04未満，「弱視」は矯正視力が0.04以上0.3未満）を示す。
聴覚，言語障がい児	聴覚障がい児とは，聴覚系機能に障害があるために，補聴器を使用しても，通常の話声を理解することが不可能か，著しく困難な子どもをいう。
知的障がい児	知的発達の遅滞の程度の意思疎通が困難で，日常において支障があり，援助を必要とする子どもをいう。
肢体不自由児	四肢や体幹に運動機能障害を有し，補装具を使用しても，歩行や座位の姿勢の保持など，日常生活における基本的な動作が困難である子どもをいう。
発達障がい児	知的な遅れはないが，特別な教育的支援を必要とする子どもでLD（学習障害）児，ADHD（注意欠陥/多動性）児，自閉症スペクトラム障害（高機能自閉症児，アスペルガー障害など）などを含む。

（2）関係部署との連携と指導計画書作成について

　障がい児といっても，前記の障害のほかに，染色体異常による障害や情緒障害など，様々な障害がある。障がい児の中には，一つの障害だけでなく，重複していくつもの障害をもっていたり，ほかの疾患を抱えているケースが多い。まず，子どものもつ障害の特性，発達段階，個性を十分に把握したうえで，指導をすることが大切である。その子どもにとって，運動制限があるか，どのような運動あそびが効果的か等，連携している機関と十分に連絡をとることが必要不可欠である。

　特に，運動制限や留意事項があれば医師からの診断書を提出してもらい，医師と家庭と就学前施設（保育園，幼稚園，認定こども園をいう）などで十分に連絡をとり合い，連携して保育・教育を展開していくことが大切である。医師だけではなく，療育センターの理学療法士，作業療法士，言語聴覚士，巡回指導の心理士などの様々な専門家と，家庭を通して連携をとることが必要になってくる。例えば，喘息の疾患をもつ子どもは，どの程度，外で遊んでよいのかについて，十分留意する必要がある。からだを揺らすとてんかん発作を起こす子どもについては，運動するにあたって，注意の必要な子どももいる。このように，障害の特徴を把握した上で，個別の指導計画を立案し，計画的に運動や運動あそびを導入していくことが必要であろう。

2　発達障がい児の特性について

　今日，わが国では，落ち着きがなく不器用で集団生活が困難な「発達障害」と呼ばれるLD（Learning Disabilites：学習障害）児，ADHD（Attention-Deficit／Hyperactivity Disorder：注意欠陥多動性障害）児，高機能自閉症児が通常学級において6.3％にも及ぶことが示されている。「パニック・かんしゃく」を起こす子どもたちの中には，注意欠陥／多動性障害，広汎性発達障害，自閉症，軽度知的障害，被虐待が原因であることがある。「落ち着きがない・多動」の原因としては，気質，自閉症スペクトラム障害[*1]（広汎性発達障害，自閉症），学習障害，知的障害，被虐待，その他（アレルギー，聴覚障害，てんかん，脳腫瘍，強迫神経症など）が考えられる。これらの子どもたちの運動指導においては，専門機関の対応を踏まえて行われることが前提となる。

　そこで，ここでは就学前施設や小学校の通常学級，体育教室などで，必ず出会うからだの動かし方がぎこちなく，不器用な子どもたちの指導について述べていく。

＊1　アメリカの「精神障害における診断と統計の手引き」（Diagnostic and Statistical Manual of Mental Disorders：DSM）が2013年に改訂され，DSM-5が出版された。その中で従来の診断分類にてカテゴリー分類がなされていた自閉性障害，広汎性発達障害，アスペルガー症候群などは包括して，自閉症スペクトラム障害と診断名が変更となった。しかし，まだわが国では，診断概念が十分に普及しているとはいえないため，ここでは自閉症，アスペルガー症候群について説明を行う。

文部科学省による教育的な定義を以下に示す。

（1）自閉症の定義[2]

自閉症とは、3歳位までに現れ、① 他人との社会的関係の形成の困難さ、② 言葉の発達の遅れ、③ 興味や関心が狭く特定のものにこだわることを特徴とする行動の障害であり、中枢神経系に何らかの要因による機能不全があると推定される。

[2] 文部科学省：http://www.mext.go.jp/a_menu/shotou/tokubetu/hattatu.htm

表8-2　自閉症の特性

社会性の障害	他人への関心が乏しく、よく一人で遊ぶ。視線が合わない、人の気持を理解するのが苦手。かかわられるのを嫌がっているようにみえる。表情が乏しい等。
コミュニケーションの障害	喃語や指さしの発達の遅れ。話し言葉の発達の障害。オウム返しが多い。指示が理解できない。呼んでも振り向かない。人の表情や場を読めない。冗談や比喩が理解できない等。
想像力の障害とそれに基づくこだわり行動	手をひらひらさせる。体を揺する。ぐるぐる回る。物の臭いをかぐ。感触を楽しむ。回転運動を楽しむ。特定の物を持つことに執着する。日課や習慣の変更に対して抵抗を示す。展開性の乏しいあそびの反復。横目を使って見る。ごっこあそび、見立てあそびが苦手。物を並べる等。

（2）アスペルガー症候群の定義[2]

アスペルガー症候群とは、知的発達の遅れを伴わず、かつ、自閉症の特徴のうち言葉の発達の遅れを伴わないものである。なお、高機能自閉症やアスペルガー症候群は、広汎性発達障害に分類されるものである。

表8-3　アスペルガー症候群の特性

① 同年齢の子どもと同じことを同じ時期にしない。まわりの子どもがしない変わったことを行ったりする。
② 自分のルールに従って行動する。やりたいことがまわりから阻止された時にかんしゃく（パニック）を起こすことが多い。自分のペースを譲らない等。

（3）ADHD（注意欠陥／多動性障害）の定義[2]

ADHDとは、年齢あるいは発達に不釣り合いな注意力、および／または衝動性、多動性を特徴とする行動の障害で、社会的な活動や学業の機能に支障をきたすものである。また、7歳以前に現れ、その状態が継続し、中枢神経系に何らかの要因による機能不全があると推定される。

表8-4　ADHD（注意欠陥／多動性障害）の特性

不注意	注意・集中が苦手で、人の話を聞くことが持続しない。
衝動性	未来予測ができず、考えなしに直ちに行動を起こしてしまう。
多動性の特性	状況と無関係に常に動いている。極端なくらいに活動場面で反応が過剰。

（4）LD（学習障害）の定義[2]

　学習障害とは，基本的には全般的な知的発達に遅れはないが，聞く，話す，読む，書く，計算するまたは推論する能力のうち特定のものの習得と使用に著しい困難を示す様々な状態を指すものである。学習障害は、その原因として，中枢神経系に何らかの機能障害があると推定されるが，視覚障害，聴覚障害，知的障害，情緒障害などの障害や，環境的な要因が直接の原因となるものではない。

表8-5　LD（学習障害）の特性

①	相手の言っていることの意味がわからない。
②	自分の思いを適切な言葉で表現できない。
③	鏡映文字（左右が反転した文字）を書く等，字を書くのが苦手。
④	集団行動ができない。
⑤	協応動作（それぞれの器官や機能を協調して動かすこと）が苦手など，運動能力に困難がある。
⑥	集中力が続かない。多動など，注意・集中に困難がある。

3　身体感覚が弱い子どもたち

（1）自分のからだを知る

　発達の気になる子どもたちの中には，筋緊張が強くてロボットのような歩き方や発達のアンバランスさがあるために自分のからだの動きをうまくコントロールできずに，ぎこちない動きになってしまったりすることがある。発達の気になる子どもたちに起きていることは，感覚的な刺激の情報入力の失敗や情報の整理ができていないために，からだへの指示がうまく伝わっていないというように中枢神経が行う反応が機能していないことが原因ではないかと予測される。まずは，「自分のからだがどのくらい大きいのか」「自分がどんなポーズをしているのか」「自分が今どこを触られているのか」等，自分のからだについての情報を多く提供することが必要である。

1）力の入れ方，抜き方を覚える

　常に緊張していて，からだに力が入っている子どもには，まず思い切り力を入れてから元に戻すことで「力が抜ける感覚」を覚えることから始める。
　力をギューと入れたら，ブラブラと抜いてリラックス：慣れてきたら，リズムに合わせて行う。

2）身体接触の経験が少ない子ども

発達障害のある子どもの中には，からだに触れられることを嫌がり，人と触れる機会が少ないままに成長してきている子どもが多くいる。

人と触れ合うあそび：背中への接触から始め，だっこでゆらゆら揺らしていく。

3）からだの動かし方を知る

身体意識をもちにくい子どもには，「自分のからだを動かしたらこうなる」というイメージがもてるよう空間の制約を設けていく。

自分のからだの感覚を育てるあそび：段ボール箱のおふろごっこでからだを小さくする感覚を覚える。

4）浮遊感を楽しむ

「重力不安」といわれる感覚のある子どもには，子どもの表情を見て不安や緊張がないかを確認しながら徐々に経験を重ねていく。

布の上に乗ってゆらゆらあそび：歌に合わせて左右にゆっくり揺らすと楽しい。左右の動きに慣れたら前後に揺らす。前後の動きはぶらんこに乗ることにつながる。

5）からだの各部位を認識する

自分のからだを触ったり，人に触れたりを楽しみ，繰り返し遊ぶ内にからだの部位を認識する感覚がついていく。後ろから触られるとパニックになる子どももいるので，触る前には声をかけて，心の準備ができるようにする。

（2）社会性の発達への影響

発達の気になる子どもは，身体感覚の弱さや自分のからだをうまくコントロールできないことから，運動や様々な課題をこなしていくことができないのである。特に幼児期には，からだを使ったあそびが多く取り入られるが，身体感覚の弱い子どもたちは，うまく遊べないということだけではなく，そのあそびになかなか参加しないため，対人関係を築くこと（社会性の発達）ができなくなってしまうことにつながっていくのである。

（3）体験を通した学び

実際にあそびを通して，子どもたちがからだを動かす機会を多くつくり，からだに関する情報の意識化を図っていくことが望まれる。子どもたちが様々な活動を体験することに価値があり，子どもたちの発達が大きく促され，学びの

場になっていくのである。

4 運動あそびの留意事項

（1）子どもの意欲や満足感を大切に

　障がい児や発達障がい児は，運動機能が未発達な子どもが多く，また，筋肉が柔らかく，筋力も弱く，姿勢を保持するのが苦手であり，座っているだけで，すぐに疲れてしまう子どもも多い。自分の世界に入って，動きたがらない子や，反対に多動な子どももいる。保育者の指示通りに動くことができなかったり，指導を拒否することもあり，順調に運動あそびの指導が進まないことがある。障がい児と担当の保育者との信頼関係を十分に築き，「大好きな先生となら，楽しく運動あそびができる」「先生といっしょにいると楽しい」という思いを味わえるようにしていくことが大切である。また，自分のからだがどのように動いているか，イメージができない子どもも多い。視覚が優位な子どもが多いので，まず，保育者が行って見せて，次に子どもといっしょにからだを動かすようにする。子どもの好きな音楽や体操を取り入れ，楽しい雰囲気の中で運動あそびに取り組めるよう，工夫することが必要である。

　運動あそびにおいては，子どもができるだけ，自分でがんばって遂行し，必ず「最後までよくできたね」とほめてあげることが大切である。子ども自身が達成感を味わえるように，言葉かけをし，励ましていくようにする。そして，大好きな先生に励まされ，ほめられ，仕上げたことを喜んでもらうことが，積極的に挑戦する気持ちづくりにつながり，自分の能力に対する信頼感や他人への信頼感を形成する基礎になっていくのである。

（2）運動あそびの留意点・具体的な運動あそび

　歩行ができる障がい児にとっては，たくさん歩くことや走ることが大切な運動になる。走る運動は全身運動であるため，総合的な筋力や心肺機能（呼吸・循環機能）の発達に有効である。友だちといっしょにたくさん歩いたり，鬼ごっこ等の走るあそびを日常的に取り入れるようにするとよい。

　障がい児は，揺れ動いたり，活動する位置が高くなると，怖がることが多いので，マット運動や平均台渡り等，低い位置で，転んでもあまりけがをしないような高さから運動あそびを始めるのがよい。周囲の様々な運動遊具に合わせてからだを動かすことは，バランス感覚，注意力，からだのイメージ，からだの使い方を考えること等，様々な面で発達を促すことができる。手足の協応的

な動きの発達を促進するよう,具体的な運動あそびとしては,トランポリンや縄跳び,平均台,はしごあそび等を組み合わせた,サーキット運動などで実践していくとよい。

(3) 環境・かかわり方の工夫

障害のある子どもがそれぞれの活動に参加できるように,内容や取り組みの仕方の工夫はもちろんであるが,子どもの特性に応じた環境の設定や関わり方も重要である。

以下に,その配慮事項を示しておく。

① 刺激を少なくする:あらゆる刺激に対して反応してしまうので,必要のない物は置かないように注意する。パニックを起こしそうになった場合には,その場から遠ざけて気持ちが落ち着くまで様子を見ながら静かに話しかけ,落ち着いた後に活動を続ける。

② 子どもの座る位置に配慮する:体育館やプレイルームでは,自分の居場所がわかるように床に,テープを貼ったり,目印をつけたりして,安心して活動に入れるようにする。

③ 指導者の立ち位置に配慮する:子どもが安心して活動できるように,指導者はなるべく同じ位置で始め,同じ位置で終わるようにする。

④ 活動の見通しがもてるようにする:絵やカード,写真などを用いて活動の流れがわかるようにし,子どもが活動の見通しをもてるようにしていくとよい。目標が達成できた時には,その場で大いにほめていく。

⑤ 目で見てわかりやすい指示をする:子どもが自分自身のボディーイメージをもてるように,目で見てわかりやすい指示を通し,空間認知位置をとらえられるようにしていく。

⑥ 言葉かけを統一してシンプルにする:活動の始めと終わりは,はっきりと知らせる。子どもが自分自身の行動を言葉で表現できるように,習慣化していくとわかりやすい。

⑦ 活動の区切りを明確にする:子ども自身が好む活動と苦手な活動は,順序に配慮して活動にメリハリがつくようにする。特に集中させたい時は,活動の最後にもっていく。

●演習課題

課題1:障害のある子どもの体育指導における留意事項をまとめよう。
課題2:障害のある子どもの平衡系運動スキルの「運動あそび」を考えよう。
課題3:障害のある子どものサーキット運動の事例を組み立てよう。

コラム　運動に関する調査の仕方・レポートの書き方

研究・レポートの書き方にあたっての大きな流れを以下に説明する。

●**文献研究**…①

今まで，どんな研究・報告がされてきたかを確認する。文献検索は，コンピュータを使って検索する「Cinni」,「Google Scholar」や「大学図書館」などで調べる方法がある。「運動」「幼児体育」といった興味のある用語で，検索する。興味のある単語で，検索が出てこない時は，「体育」「スポーツ」「子ども」といった近い単語でも検索してみることを忘れない。学会が査読をした原著論文を参考にする。Wikipediaや本にも，参考文献や引用文献が記載されているものがあり，自分が読みやすい文献から参考にして，根拠となる論文を探すのもよい。

●**はじめに**…②

自分の始める研究を行うことの目的・必要性を記載する。大きな流れは，背景（今までの研究でされてきたこと）＋課題発見（今までの研究でされていないこと）＋ニーズ（その研究を行う必要性）→研究の意義（この研究を進める理由）→実行（だから，研究を行うこととした）である。

●**方　法**…③

研究の方法を記載する。アンケート調査，実験，インタビュー等の方法，時期，対象，人数，質問項目などについて述べる。後に統計処理を行うのであれば，データ数が1グループ50以上になるように心がけて，データを集めること（小学校児童対象：男女×6学年＝12グループ，50人×12グループ＝600人以上）。データは多いほど，一般化されやすい。

●**結　果**…④

調査からわかったこと，事実を述べる。自分の考えや参考文献は，考察で述べるので不要である。図や表を提示しながら，結果を整理し，まとめていく。

●**考　察**…⑤

結果をもとに，自分が考えたこと・推察したことを述べる。1つの結果からわかったこと，2つ以上の結果を組み合わせて考えたこと等，考えを発信する。引用文献を用いてもよい。また，結果から考えたこと，自分が世の中に提案していきたいことも書いてよい。

●**まとめ**…⑥

今回の調査や研究からわかった内容を，要点を絞って，3～5項程度にまとめる。今回のできなかった課題も，次回への引継ぎ事項として残しておく。

●**謝辞・文献**…⑦

論文の終わりは，協力して下さった皆様への感謝と利用させていただいた論文を記載する。無断引用は，盗用となるので，出典を明示する等して注意する。

第 9 章 体力・運動能力とは

体力とは，子どもたちが存在し，活動していくために必要な身体活動を行う能力であり，行動体力と防衛体力にわけられる。運動能力とは，運動を行う時に，よりよいパフォーマンスを行うために，必要な能力である。体力は筋力や持久力，柔軟性，敏捷性など，それらを発揮する際のスキルをできるだけ排除した形で捉えた生体の機能を意味し，運動能力は，体力に運動やスポーツで必要な基本的運動スキルを加味した能力を意味する。

1 体力とは

(1) 行動体力[1]

行動体力とは，走，跳，投などに代表されるような積極的に身体活動を実行するための体力であり，健康を保つために行動を起こし，持続し，調節するために必要な体力である。

1) 行動を起こす力

運動を力強くはやく行う能力は，筋力・瞬発力といえる。筋力（strength）は，筋が収縮するときに生じる力のことで，行動を起こすときに発揮される。瞬発力（power）は，パワーと呼ばれ，瞬間的に大きな出して運動を起こす筋力である。

2) 行動を持続する力

運動を長く続けられる能力を持久力（endurance）といい，全身運動を持続して行う全身持久力（cardiovascular/respiratory endurance）とからだの一部の筋力運動を持続する筋持久力（muscular endurance）がある。全身持久力を高めるためには，有酸素運動（aerobic exercise）で呼吸・循環機能を高めること

1) 前橋 明編著：元気な子どもを育てる幼児体育，保育出版社，pp.81-88，2016．

や毛細血管を発達させることが必要である。

3）行動を正確に行う力

からだの動きをコントロールして，目的とする運動を巧みに行う能力である。敏捷性（agility），平衡性（balance），巧緻性（skillfulness），協応性（coordination）等があり，これらが相互に影響しながら機能して，複雑な運動を学習するのに重要な役割を果たす。

4）行動を円滑に行う力

からだの柔らかさを示す柔軟性（flexibility）や無理のない美しい連続的な運動を示すリズム（rhythm），物体のはやさを示すスピード（speed）は，運動をスムーズに大きく，美しく，円滑に行うことができる。

（2）防衛体力

防衛体力とは，体温の調節能力や免疫力，身体的・精神的ストレスに対する抵抗力のことである。このような防衛体力は，人間にとって非常に重要な概念である。その理由は，防衛体力は行動体力の基礎となり，密接な関連性があるからである。例えば，防衛体力が低く，すぐにカゼを引くようなら，行動体力を高めようと思っても，なかなか高めることができない。このようなことから，子どもたちの防衛体力についても気をつけておく必要がある。

① **物理化学的ストレス**：寒冷，暑熱，低酸素，高酸素などのストレスに対する抵抗力。
② **生物的ストレス**：細菌，ウイルス，異種たんぱく等のストレスに対する抵抗力。
③ **生理的ストレス**：運動，空腹，口渇，不眠，疲労，時差などのストレスに対する抵抗力。
④ **精神的ストレス**：緊張，不快，苦痛，恐怖，不満，悲哀などのストレスに対する抵抗力。

2 運動能力とは

運動能力とは，運動を行うときに，よりよいパフォーマンスを行うために必要な能力である。子どもの運動能力の発達は，身体機能の発達や形態も関係している。それとともに，運動経験も大きな要因を占めていると考えられる。つまり，体力は，筋力，持久力，柔軟性，敏捷性など，それらを発揮する際のス

キルをできるだけ排除した形で捉えた生体の機能を意味し，運動能力は，走，跳，投といった体力に運動やスポーツに必要な基本的な運動スキルを加味した能力を意味するものとする。乳幼期の運動発達では，神経組織の発育・発達が中心となり，とりわけ髄鞘の発育が急速に成就され，大きく関与してくる。

乳児の身体運動は，四肢の動きに始まり，少したって頸の動き，頸の筋肉の力が発達して頭部を支え，7～8か月頃になると，座ることができ，平衡感覚が備わってくる。続いて，手・脚の協調性が生まれるとともに，手や脚，腰の筋力の発達によって，からだを支えることができるようになり，這いだす。

這う機能が発達してくると，平衡感覚もいっそう発達して，直立，歩行を開始する。これらの発達は，個人差があるものの生後1年2～3か月のうちに，

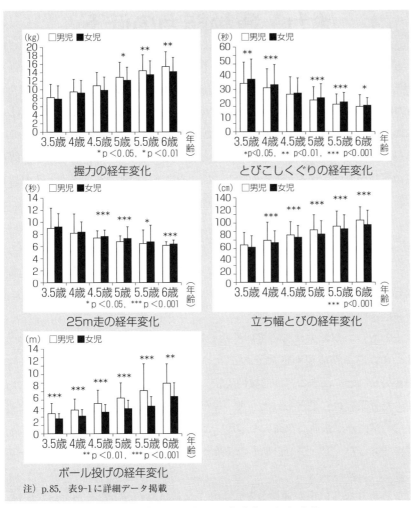

図9-1　幼児の体力・運動能力の経年変化

出典）金 賢植・馬 佳濛・前橋 明：保育所における幼児の体格，体力・運動能力の経年変化（2011-2014），保育と保健23（1），pp.62-66，2017.

この経過をたどる。幼児期になると、走力や跳力、投力などの基礎的な運動能力や全身運動が発達し、そして、4歳、5歳位になると、手先や指先の運動が単独に行われるようになる。こうした幼児の発達段階を踏まえて、運動能力を発達させるには、興味があるあそびを自発的に繰り返す経験をさせることが大切である。すなわち、幼児の運動能力の発達は、あそびの生活の中で発達するものなのである。

5～6歳になると、独創的発達も進む。さらに、情緒面も発達してくるので、あそびから一歩進んで体育的な運動を加味することが大切になってくる。競争や遊戯などを経験し、運動機能を発達させるとともに、幼児の体力づくりのための具体的な動きかけも必要となってくる[2]。

2) 前橋 明編著:幼児の体育, 明研図書, pp.3-22, 1998.

3 体力・運動能力の低下

近年、子どもたちの身長・体重は向上しているが、からだを動かす基礎体力が低下している。子どもたちの抱える3つの問題（睡眠リズムの乱れ、食事リズムの乱れ、運動不足）のネガティブな影響により、子どもたちの1日の生活リズムの崩れや日中の運動量の減少を引き起こし、体力・運動能力を低下させている[3]。このように、子どもたちの体力・運動能力の低下には、基本的な生活習慣の乱れがあげられるが、その向上には、やはり健康的な生活習慣とそのリズムを整えることを基盤に、日中の運動量を増やすことが必要不可欠である。

3) 前橋 明:子どものからだの異変とその対策, 体育学研究49(3), pp.1-13, 2004.

(1) 子どもを取り巻く環境の変化

子どもたちの体力・運動能力の低下の原因としては、社会環境、生活様式の変化、それに伴う運動の機会の減少や生活リズムの乱れが生じてきていることがあげられる。

子どもたちが健全に育っていくためには、「時間」「空間」「仲間」という、3つの「間」が必要不可欠である。ところが、現代はこの「三間（サンマ）」が喪失し、どうかすると「間抜け現状」に陥ってしまっている[4]。このようになった背景には、子どもにとって「屋外」が遊びにくい空間となったことと、逆に「室内」が快適な空間になったことがあげられる。まず、かつて主なあそび場であった「道」が、自動車の普及とともに遊ぶことのできない空間となった。

4) 前橋 明:輝く子どもの未来づくり, 明研図書, pp.139-140, 2008.

ひっきりなしに車が通ることにより、交通事故が起きたりあそびが中断され、おもしろくなくなった。さらに、山や川などの自然環境が汚染や開発によって徐々に失われていった。これに加えて、子どもを狙う誘拐や犯罪が多くな

ってきたこともマイナス要因になった。幼少年期には，運動エネルギーを発散し，情緒の解放を図ることの重要性を見逃してはならない。そのためにも，特に外に出て2時間程度のからだを動かすあそびをすることは，非常に大切になる。運動やあそび[5]というものは，体力づくりはもちろん，基礎代謝の向上や体温調節，あるいは脳・神経系の動きに重要な役割を担っている。時間が経つのを忘れてあそびに熱中できる環境を保障していくことで，子どもたちは安心して成長していける。ところが，残念なことに，今はその機会が極端に減ってきている。子どもたちが安心し，楽しく遊ぶ場所を確保するのは，私たち大人に与えられた緊急課題である。

5) 前橋 明：体温リズムと子どもの生活，小児歯科臨床16（6），pp.16-22, 2011.

（2）子どものあそびの変化

近年，テレビ・ビデオをはじめとするテレビゲームや携帯用ゲーム機器は，すっかり子どもたちの生活に定着した。テレビゲームでは，目や指先といった限られた身体部位しか使わない。また，視覚と聴覚に訴えることがあっても，五感で感じ，からだ全体で感じるという経験は乏しくなっている。実際，子どもが外で遊ばなくなったことによって，体力・運動能力の低下という結果をもたらしている。

日本において，核家族化が進み，地域の人間関係が希薄化する傾向にある中で，昔のように人とのかかわりの中で子育てをすることは難しくなっており，育児経験の乏しい保護者（母親）が一人で育児をすることは，身体的にも精神的にも負担が大きい状況といえる。その中で，子どもをめぐる環境でテレビ・ビデオ，スマートフォン，インターネット等のメディアの存在は大きな位置を占めるようになった。メディア接触の長時間化が保護者とのふれあいの時間や外あそびでの交流を奪い，人とのかかわり不足を招いている。

幼児期にテレビ・ビデオを長時間視聴することは，小児肥満につながる危険性や，睡眠障害および問題行動（暴力性，攻撃性），社会性・情緒の未発達，注意・集中力の低下などと関連性があると報告されている。アメリカ小児科学会（AAP：American Academy of Pediatrics）では，「乳幼児期にテレビ・ビデオを多く見た幼児ほど，7歳のときに集中力が弱い，落ち着かない，衝動的になる可能性が大きい」とされている。日本小児科学会では，「テレビ・ビデオを長時間視聴する幼児は，そうではない幼児に比べて，言葉の発達が遅れる割合が2倍になる」と警告している。また，2004（平成16）年には，日本小児科医会で，「暴力映像を長時間視聴することが，後の暴力的な行動や事件と関連していく。2歳までのテレビ・ビデオ視聴は控え，それ以後も，メディア接触は1日2時間以内を目安にしよう」と呼びかけた。

6) 金 賢植・馬 佳濛・李 昭娜・松尾瑞穂・石井浩子・前橋 明：テレビ・ビデオ視聴時間が保育園幼児の生活状況，体力・運動能力に及ぼす影響，保育と保健20 (2), pp.54-58, 2014.

7) Kim, H.S., Ma, J. M., Mastuo, M., Ishii, H., Maehashi, A.：The relationship between the living conditions and physical fitness/ motor ability of kindergarten children, The journal of physical education of young children of Asia3 (1), pp.21-29, 2013.

幼児期におけるテレビ・ビデオ視聴の影響は，子どもの体力・運動能力面でもみられる。保育園幼児を対象にテレビ・ビデオ視聴と体力・運動能力との関連性を調査した研究では，短時間視聴群の幼児の方が，長時間視聴群の幼児に比べてよい測定記録が確認された[6]。これは，幼稚園幼児を対象とした研究においても，同様の結果がみられた。なお，この研究では，テレビ・ビデオ視聴時間と生活時間との関連性もみられ，テレビ・ビデオを短時間視聴する幼児の方が，テレビ・ビデオを長時間視聴する幼児よりも，起床時刻，就寝時刻および排便時刻の早いことが確認された[7]。

前述したように，1日に何時間もテレビ・ビデオを視聴することは，子どもの心身の発達に影響を及ぼす。テレビ・ビデオ視聴する時間だけでなく，視聴する時刻も子どもの発達に影響を与えると考えられる。夜遅くまでテレビ・ビデオを見ていれば，当然，就寝時刻が遅くなる。テレビ・ビデオ視聴と生活習慣との関係について調査した研究でも，テレビ・ビデオを2時間以上視聴する幼児の中で，午後10時以降に就寝する幼児は約30％となり，就寝時刻から登園時刻までの生活リズムの乱れが報告されている。生活リズムの乱れの理由は，テレビ・ビデオのスイッチを切っても，頭はまだ興奮しているので，すぐに眠ることができないからである。そして，眠るのが遅くなれば，朝なかなか起きることができない。無理して起こせば機嫌が悪く，ぐずぐずしていて朝食を食べないので，子どもの好きな物ばかりを与えたり，ときには朝食抜きになったりする。すると，登園してから元気がなく，活発に活動ができないので，体力・運動能力も落ちてくる。また，動きが少ないので，食欲も出ない，食べないと均整のとれた体格にならないというように，すべての生活面において悪循環となる。つまり，子どもたちが夜遅く，しかも長時間テレビ・ビデオを視聴することにより，生活リズムが崩れていく。

4 電子媒体が及ぼす子どもへの影響

ここ数年，スマートフォンやタブレットが急速に普及して，携帯電話よりパソコンに近い高性能な端末を手軽に持ち歩けるようになった。また，生まれたときからデジタル化された世界に身を置く現在の子どもたちには，スマートフォンやタブレットが身近なものとなっている。例えば，小さな子どもにスマートフォンやタブレットを与えたときに，字が書けないから入力はできないと思っていると，最近の端末は音声での操作が可能になっており，知らない間に検索機能を使っていたということもある。便利に使える反面，予期せぬ言葉を検索してしまい，変な画像が表示されてしまうこともある。では，新たに登場し

表9-1 メディアとの接し方の行動目標

1	授乳中，食事中にテレビ・ビデオ等のメディアを見るのはやめましょう。
2	テレビやビデオは，1日に多くても2時間までにしましょう。ゲームは，30分以内にしましょう。ただし，2歳までのテレビ・ビデオ視聴は，子どもが見る見ないにかかわらず，控えましょう。
3	子ども部屋には，テレビやビデオ・パソコンを置かないようにしましょう。
4	テレビは，視聴する番組や時間を決めて見ましょう。
5	テレビ・ビデオは，見終わったら消しましょう。
6	子どもにテレビやビデオを見せるときは，保護者もいっしょに参加して，歌ったり，子どもの問いかけに答えたり，感想を話し合ったりしましょう。また，スマートフォンやタブレットを使用するときには，必ず保護者が会話をしながらいっしょにしましょう。
7	親子で，家の生活環境や生活スタイルを考慮して，決まりをつくりましょう。保護者と子どもで，メディアを上手に利用するルールをつくることが重要です。ただし，保護者が方針を決めたら，例外をつくらないようにしましょう。

たスマートフォンやタブレットは，子どもにどんな影響があるのだろうか。欧米の研究[8]では，就寝前の2時間以内にタブレットのディスプレイを使うと，メラトニンという脳内物質が約22%減少すると発表した。メラトニンというのは，体内時計をコントロールする物質であり，このレベルの刺激は，人の体内時計に悪影響を与えるかもしれないと報告されている。実験では，主にタブレットが使用されたようだが，スマートフォンやパソコン，テレビ・ビデオ等のメディアでも，同様にメラトニンが抑制される可能性が高く注意が必要だと呼びかけている。また，できるだけ睡眠への影響を少なくするために，就寝前にタブレット等の利用を控えることを推奨している。近年，スマートフォンやタブレットは，子どもの依存度が高くなっており，30分間もあけずに使用するようになったら注意が必要だとしている。子ども用のスマートフォンや，子ども用のフィルタリングサービスを利用したり，スマートフォンの設定を工夫したりすることによって，ある程度，こういった危険を避けることはできるが，それでも絶対安心というのは，現状ではなかなか難しい。このように，テレビやビデオ・ゲーム等のメディアとの長時間の接触が，成長期の子どもの心身の発達に悪影響を与えている。そこで，あえて具体的な行動目標（表9−1）を提示することで，子どもへネガティブな影響を及ぼさないようにしたいものである。

8) Wood, B., Rea, M.S, Plitnick, B., Figueiro, M.G.: Light level and duration of exposure determine the impact of self-luminous, tablets on melatonin suppression, *Appl Ergon* 44 (2), pp.237-240, 2013.

5 体力・運動能力測定

　幼児期には，日常生活の多様な動きを経験することによって，子どもたちの体力・運動能力が発達する。このような子どもたちの発育・発達状態の把握，あそび環境の改善，園や町の体力・運動能力の水準把握などの多くの目的において測定の必要がある。

第9章 体力・運動能力とは

表9-2 性別・年齢別にみた保育園幼児の体格と体力・運動能力

男児 (N=5,288)	3.5歳 (N=514)	4歳 (N=914)	4.5歳 (N=936)	5歳 (N=931)	5.5歳 (N=971)	6歳 (N=1,022)	P Value
身長 (cm)	98.1±3.6	100.7±4.1	103.9±3.9	107.2±4.2	110.7±4.4	114.1±4.7	<0.0001
体重 (kg)	15.2±1.8	15.9±2.0	16.9±2.0	18.0±2.9	19.1±2.6	20.6±3.2	<0.0001
カウプ指数	15.8±1.3	15.7±1.6	15.6±1.3	15.6±2.4	15.5±1.5	15.7±1.7	0.033
両手握力 (kg)	8.3±3.1	9.6±2.9	11.0±3.3	13.0±3.6	14.6±3.7	15.5±3.5	0.001
とび越しくぐり (秒)	34.4±14.9	30.8±13.8	26.3±12.7	22.2±9.6	19.3±7.2	17.7±8.4	0.001
25m走 (秒)	9.2±3.4	8.4±3.2	7.6±1.2	7.0±0.8	6.7±2.2	6.3±0.6	0.001
立ち幅とび (cm)	62.2±20.8	70.0±29.8	79.1±21.4	87.2±25.0	93.1±25.0	103.2±21.6	0.001
ボール投げ (m)	3.4±1.7	4.0±1.8	5.1±2.2	6.0±2.5	7.2±1.7	7.6±3.2	0.001

女児 (N=5,371)	3.5歳 (N=512)	4歳 (N=932)	4.5歳 (N=992)	5歳 (N=913)	5.5歳 (N=989)	6歳 (N=1,033)	P Value
身長 (cm)	97.0±3.7	99.8±4.0	103.1±4.1	106.7±4.3	109.6±4.5	113.3±4.4	<0.0001
体重 (kg)	14.9±1.7	15.7±2.0	16.5±2.0	17.7±2.2	18.5±2.4	20.0±2.6	<0.0001
カウプ指数	15.8±1.2	15.7±1.5	15.5±1.2	15.5±1.4	15.4±1.3	15.5±1.4	0.001
両手握力 (kg)	7.9±3.1	9.4±2.9	10.9±3.0	12.3±3.1	13.6±3.3	14.3±3.4	0.001
とび越しくぐり (秒)	37.1±14.3	33.3±14.5	27.2±10.6	24.0±9.8	20.8±6.8	18.4±5.4	<0.0001
25m走 (秒)	9.4±2.2	8.6±1.6	7.8±1.1	7.4±2.1	6.9±2.8	6.5±0.7	0.001
立ち幅とび (cm)	58.6±18.9	66.1±18.9	74.9±18.9	80.3±21.2	88.8±22.6	96.1±22.6	<0.0001
ボール投げ (m)	2.6±0.8	3.0±1.0	3.7±1.2	4.2±1.4	4.7±1.5	6.3±2.2	0.001

出典）金 賢植・馬 佳濛・前橋 明：保育所における幼児の体格，体力・運動能力の経年変化（2011-2014）保育と保健23（1），pp.62-66，2017.

　体力・運動能力測定は，時間，測定者，測定器具，園庭の広さ等を考慮して，測定項目を選ぶ。なお，幼児期の子どもたちを対象に体力・運動能力を実施し，可能な限り正確な評価をするためには，子ども一人ひとりが測定方法を理解し，自分がもっている最大能力を発揮させることが重要である。

●演習課題

課題1：子どもの体力・運動能力を向上させるため，家庭，就学前施設，町でできることを考えてみよう。

課題2：近年，外あそび時間の減少現状が続けていることから，あなたの住んでいる地域で子どもが安全に遊べる場所を調べ，近隣マップを作成してみよう。

課題3：テレビ・ビデオ，ビデオゲーム，パソコン，スマートフォン等メディア時間を減少させるため，「メディアとの接し方の行動目標」を実践してみよう。

第10章 体格，体力・運動能力の測定・評価

体力・運動能力の測定において，大切にしたいポイントを示す。測定したい能力要素を，どの程度，正しく測定できるかということ（妥当性）。同じ測定項目を，同一の測定者が，同じ子どもに複数回実施した時の測定値の変動・一致度を示す（信頼性）。異なる測定者が，同じ子どもに測定を実施した場合の測定値の安定性・一致度を示す（客観性）。測定の実施の容易さや簡便さを示す（実用性）。これらの条件の整っている測定をすすめたい。

1 測定と評価

幼児を対象とした体力・運動能力測定が実施されると，測定項目から測定値が得られる。得られた結果を，評価基準と比較して評価し，その評価結果を保護者に伝えている。このように，幼児の発育・発達状況を正しく把握し，正確な結果を伝えるためには「測定する」だけではなく，「評価する」ことも重要である。

測定・評価は，幼児一人ひとりの成長を客観的な視点で捉え，今後の指導に役立てていくことが目的である。つまり，測定データや観察結果を数値に表し，本人の過去の結果と比較することで，その子の特性を把握し，指導に役立てることが測定・評価のねらいである。

測定とは，筋力，持久力など，通常は内在化している能力要素を距離，時間，回数などの数値に置き換えることをいう。

幼児を対象とした運動能力テストの多くは，幼児が最大努力により発揮した成果を数値で表す。一般的に，測定単位には距離（cmやm等）や時間（秒や分等）が利用される。一方，合否などにより運動能力を測定する場合もあり，ある運動課題に対して，達成できたときは「○」，できなかったときは「×」で判定をする。これらの測定方法の種類は，目的に応じて決定する必要がある。

測定の実施により測定値が得られるが，幼児は大人に比べて個人差が大きく，年齢，性別，体格などが測定値に大きく影響を与える。そのため評価という手続きが必要になる。

評価とは，測定値を測定基準と比較して，程度（例：優れる，普通，劣る）を判定することである。つまり，標準値や他の対象児の測定結果などと比較して測定値の良し悪しを判断することや，一定の水準に達しているかどうかを判定することである。

幼児の体力や運動能力の評価では，幼児一人ひとりの発達状況を把握するために，標準値と比べて大小関係を調べることや，目標値と比較して，どの程度，目標を達成したかを判定する。個人別だけでなく，クラスや園などのグループ全体での評価結果は，運動環境，運動習慣を見直すことに役立ち，年間計画，運動プログラム等の改善に利用することができる。

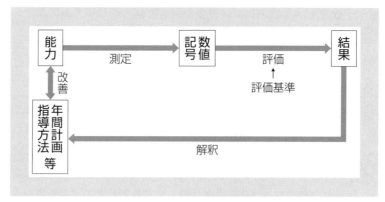

図10-1　測定・評価の概観

2　測定する上での留意点

（1）言葉の理解

測定を正確に行うためには，測定方法を正しく伝えることが大切である。幼児は，言葉を理解するのが難しい傾向にあるため，口頭での説明だけでなく，幼児の前で実際に測定方法を実演するのも有効な手段である。測定方法を示したマニュアル等は，説明が標準語で書かれていることが多く，幼児には伝わりにくい内容で表現されていることがある。そのため，測定方法を馴染みのある言葉（普段子どもたちが園生活で使い慣れている言葉やその地方の方言など）に置き換えると，より理解が深まると考えられる。

（2）からだの発育・発達状況

　幼児は，大人と比べて，身長，体重，手足の大きさ等，身体的特性が異なる。そのため，身体的特性を考慮し，測定器具を幼児に使いやすい大きさにする等の工夫や，疾走距離を大人のテストに比べて短かくする等の測定方法の工夫が必要になる。体力・運動能力テストも，この点を考慮して測定器具の開発や測定方法が考案されている。つまり，正確に，なおかつ安全に測定を実施するためにも，幼児の身体的特性を考慮した測定器具や測定方法を選択することが重要なのである。

（3）最大努力

　幼児を対象とした測定では，一般的に幼児に最大努力を求めて，その結果を測定することが行われている。しかし，幼児にとって測定時に最大努力で能力を発揮することは容易ではないと考えられる。そのため，幼児に最大努力を促すために，幼児の特性にあった測定方法上の工夫が必要になる場合がある。

　例えば，疾走速度の測定において，ゴール時点で失速してしまう場合がある。仮のゴールを5m先につくり，保育者が声援を送ると，ゴール地点を全力で走りきることが可能になる。

　さらに，保育者の声援だけでなく，友だちからの応援も最大努力につながると考えられる。本来のパフォーマンスが引き出せるよう，様々な工夫が必要である。

（4）動機づけについて

　幼児は，園生活の「あそび」を通して，多くのことを学んでいる。あそびは幼児の興味や関心，積極性を引き出すものであり，体力・運動能力テストも，あそびの要素を含んだものをテスト課題にすることが望まれる。

　幼児の体力や運動能力では，最大努力で発揮された能力を数値に置き換えて測定する場合の他に，達成基準のあるテスト課題を設定し，その課題を達成できたかを，合否判定により測定することもなされている。合否判定の場合は，最大限に能力を発揮させる必要がないため，子どもも安心して，測定に参加できる。

　また，テストの課題を日常の園生活のあそびに取り入れることや，よく経験する運動動作に近い課題を設定することで，より自然な状態で本来の能力を測定することができる。

　子どもの心理的特徴を考慮し，動機づけや意欲が高く保たれるように測定環

境や測定方法の工夫を行うことが重要なのである。

3 測定と評価の基礎

　実際に子どもの体力・運動能力を測定し，評価する際にどの測定項目を選ぶかは，非常に重要である。測定項目は大きくわけると，子どもが最大努力で発揮した運動成果を数値化するもの（表10−1），ある運動課題について，「できる／できない」で測定結果を記号で表す合否判定テスト（表10−2）の2つにわけられる。

　これらの測定項目をすべて実施することは，多くの時間や予算を有するため，望ましくない。測定者が運動能力のどの能力要素を測定したいのか，また，それらの能力要素を正しく測定することができる測定項目を選ぶ必要がある。

　また，正しいテストを選んで測定を実施しても，測定者によって，同じ子どもの測定値が毎回大きく変わってしまっては，正しい測定とはいえない。同じテストであれば，測定者が変わっても測定値に大きな変化がないようにする必要がある。

　ここでは，実際の測定と評価を実施する前に注意すべき点について解説をする。

（1）妥当性

　幼児の体力・運動能力を測定する場合，測定したい能力要素をどの程度，正しく測定できるかということが重要になる。測定しようとする能力・属性をどの程度，正確に測定できるのかを表すものが「妥当性」である[1]。妥当性は，理論的に検証されているものと，統計解析を利用して数値で検証される場合に大別され，多くの先行研究でテストの妥当性の検討が行われている。

　本来，1つのテストで体力・運動能力を構成する1つの能力要素だけを完全に図ることは難しく，各テストには一番関係が高いと思われる能力要素以外の能力も少なからず関係する。より妥当性の高い測定を実現するためには，各能力要素を複数のテストで測ることが好ましい。

（2）信頼性

　信頼性とは，同じ測定項目を同一の測定者が同じ子どもに複数回実施したときの測定値の変動・一致度を示すものである[2]。理想的には，毎回の測定によって得られる測定値は一致すると考えられるが，測定器具，天候や室温，測定

[1] 村瀬智彦：幼児の体力運動能力の科学−その測定評価の理論と実際−，ナップ，p.82，2005．

[2] 前掲書1），pp.84-85，2005．

者の熟練度など様々な要因によって誤差が生じ，完全に一致することは少ない。

妥当性と信頼性の関係に関しては，信頼性は妥当性の上限を決めるものである。つまり，高い妥当性を得るためには高い信頼性が必要となるため，信頼性に影響する測定の誤差を最小限にする必要がある。

表10-1　子どもを対象にした体力・運動能力テスト

関連要素	テスト名		テスト概要
筋　力	握力		握力計を用いた静的筋力測定。全身の筋力と相関が高い。
瞬発力	立ち幅跳び		前方に両足で跳んだ距離を測定。運動能力の「跳」テストの代表。
速　度 (スピード)	25m走		「ヨーイ・ドン」の合図で，25mを直線的に走りきったタイムを計測。運動能力の「走」テストの代表。
	20m走		上記と同様な方法だが，25mの直線が確保できない場合に便利。
	往復走		上記の「走」テストが，場所の関係でできないときに利用。15mの往復路を走りきったタイムを計測。
筋持久力	体支持持続時間		机と机の間で両腕を伸ばした状態で手をつき，足を床から離し続けた時間を計測。
	円周片足連続跳び		半径3.4mの外円と3.1m（中心半径約3.2m）の内円で作られる30cm幅の円形コースを1mずつに区切り，その間を何回ケンケンできるか計測。
敏捷性	反復横跳び (1本ライン)		1本のラインを両足を揃えて，左右に5秒間で何回往復できるかを計測。
	反復横跳び (2本ライン)		幅35cmの2本のラインを右足で左右交互に10秒間で何回踏めたかを計測。
	両足連続飛び越し		50cmごとに10個の積木を並べ，その間を両足を揃えて跳び越すのに要するタイムを計測。
	棒反応時間		棒にmm単位の目盛をつけ，手を軽く開かせて棒を落下させたときに掴むことができた位置の距離を計測。
	ステッピング		5秒間に両足を交互にステップさせることができた回数を計測。立位姿勢と座位姿勢で行う方法がある。
平衡性	開眼片足立ち		目を開いたまま片足立ちをし，バランスを崩して片足立ちで静止できなくなるまでの時間を計測。
	棒上片足立ち		幅と高さ3cmの棒上で行う。その他は上記テストと同様。
協応性	ソフトボール投げ		ソフトボール1号球を上手かつ片手投げで投げたときの距離を計測。運動能力の「投」テストの代表。
	テニスボール投げ		硬式テニスボールを用いたテスト。その他は上記テストと同様。
	跳び越しくぐり		対象児の膝の高さにゴムヒモをセットし，跳び越えた後，その下をくぐる動作を連続5回繰り返したときのタイムを計測。
	まりつき (ボールつき)		直径1.5m内の内円で，片手でまりつきが何回連続できたかを計測。
柔軟性	長座体前屈		両足を揃えて座り，上体を前屈しながら前方に伸ばした距離を計測。長座体前屈計を用いると正確な測定ができる。
	伏臥上体そらし		うつぶせで寝て，両手をおしりに置き，反り返ったときのあごから床の距離を計測。

出典）村瀬智彦・春日晃章・酒井俊郎：幼児のからだを測る・知る－測定の留意点と正しい評価法，杏林書院，p.41，2011．

幼児を対象とするテストを行う際には，測定回数を増やすことで信頼性が高まると考えられているため，より精度の高い測定値を得るために測定回数を増やしたり，子どもが，課題に集中できるような測定環境を整える等の工夫することにより信頼性を高めることができる。

表10-2　合否判定テスト27項目

領域	テスト項目	運動パターン	合格基準
移動型	1. バーくぐり抜け	歩く	高さ40cmのバーの下を四つ這いで膝を下につけないでくぐり抜けられる。
	2. 後方歩き	歩く	幅2cmの線に沿って，後ろ向きに真っ直ぐ歩ける。
	3. 平均台上早歩き	歩く	平均台の1mの距離を2秒以内に渡れる。
	4. 180度方向転換	両足跳び	その場両足跳びで，180度以上，方向転換できる。
	5. なわとび	両足跳び	なわとびを3回連続で跳べる。
	6. 両足跳び越し	両足跳び	高さ40cmのバーを両足で跳び越せる。
	7. 幅跳び	両足跳び	立ち幅跳びで80cm跳べる。
	8. 片足連続跳び	片足跳び	片足跳びで2m進める。
	9. 片足後方跳び	片足跳び	片足で後方へ10cm跳べる。
	10. 片足往復左右跳び	片足跳び	片足で左右への往復跳びが2往復続けられる。
	11. ギャロップ	ギャロップ	ギャロップで2m進める。
	12. スキップ	スキップ	スキップで2m進める。
	13. のぼり棒登り	登る	のぼり棒を1mの高さまで登れる。
	14. 台上登り	登る	高さ80cmの台上に登れる。
操作型	15. テニスボール投げ	投げる	テニスボールを，片手の上投げで5m投げられる。
	16. ドッジボール投げ	投げる	ドッジボールを両手で下から3m投げられる。
	17. ドッジボール的当て	投げる	ドッジボールを両手で下から投げ，2m離れた直径80cmの的に当てられる。
	18. まりつき	突く	ドッジボールを3回連続で突ける。
	19. ドッジボール転がし	転がす	ドッジボールを両手で転がし，3m離れたビール瓶に当てられる。
	20. ドッジボール受け	受ける	2m上から落とされたドッジボールを受け取れる。
	21. テニスボール受け	受ける	自分で落として弾んだテニスボールを手のひらのみで受け取れる。
安定型	22. こままわり	回る	コマのように，片足を軸にして1回転できる。
	23. V字バランス	静止	尻で支えたV字の姿勢を3秒保持できる。
	24. 片足立ち	静止	片足立ちを3秒保持できる。
	25. 両足つま先立ち	静止	両足つま先立ちを3秒保持できる。
	26. 前転	転がる	前転を2回連続できる。
	27. テニスボール避け	避ける	3m手前から胸に向けて軽く投げられたテニスボールを避けられる。

出典）村瀬智彦・春日晃章・酒井俊郎：幼児のからだを測る・知る－測定の留意点と正しい評価法，杏林書院，p.77, 2011.

（3）客観性

　客観性は，異なる測定者が，同じ幼児にテストを実施した場合の測定値の安定性・一致度を示すものである[3]。客観性の高い低いには，対象となる幼児が関係するのではなく，測定方法が難しいことや，判断基準が曖昧であり，正しく判断しづらい等のテスト方法自体の問題と，測定する人の測定方法に対する理解度や熟練度が関係している。

　客観性を高めるためには，測定者が測定内容を十分に理解し，判断基準について他の測定者とよく話し合い，共通理解を深めておくことが重要である。

[3] 前掲書1），p.87, 2005.

（4）実用性

　実用性とは，テストの実施の容易さ・簡便さを示すものである。実用性は，測定方法の簡便さのみならず，用具・器具の特殊性，テスト実施における制限の有無，用具あるいは実施にかかるコスト等により評価される[4]。

　幼児の体力・運動能力テストでは，① 測定方法が簡単で測定者も測定対象児も理解しやすいこと，② 測定用具が身のまわりにあるもので代用できること，③ 測定に必要な場所や施設に大きな制限がないこと，④ 測定器具が安価であること，⑤ 測定に特別な技術を必要としないこと，等が条件として挙げられる。

[4] 前掲書1），p.88, 2005.

（5）評価基準の有無

　測定によって測定値が得られただけでは，その測定結果がどのような意味をもつのか解釈することはできない。測定値の意味づけや発育・発達の状況を知るためには，標準値や標準得点などの評価基準が必要であり，それらと測定値を比較することによって，測定結果の良し悪しや発育・発達の実態を把握することができる。

　評価基準が公表されているテストを選ぶことによって，誰でも客観的に評価することが可能になる。そのため，測定項目を選択する際に，評価基準の有無を確認しておくことが望ましい。

　標準値は，以下の点に注意して作成されているものを選ぶ必要がある[5]。

① 標準値あるいは評価得点の作成に用いられた標本は，大きさが十分であり，母集団を反映するものであること。

② 年齢・性別，必要であれば，体格別に，測定値に影響を及ぼす属性を考慮して作成されていること。

③ 平均値と標準偏差，あるいはパーセンタイル順位など，共通して理解で

[5] 前掲書1），p.89, 2005.

きる統計指標を利用していること。

　幼児の場合は，同じ年齢でも誕生月によって発達状況が大きく異なる。そのため，幼児の体力・運動能力テストの測定値の評価においては，年齢の区分を細かくわけている評価基準を選択すべきである。また，体力・運動能力は体格とも相関が高いため，体格の影響を取り除く，あるいは，考慮した評価基準を利用することも有効である。

　日本幼児体育学会の体力・運動能力テストを資料として巻末（p.189～）に掲載しておく。

●演習課題

課題1：測定と評価の目的について考えてみよう。
課題2：どのような測定項目があるのか，調べてみよう。
課題3：実施に測定を行う際の留意点は何か，話し合ってみよう。

第11章 運動と安全管理，応急処置の実際

> 幼児は，事故にあったり，けがをした場合，苦痛や処置に対する恐怖心を抱き，精神が不安定になりやすい。けがをした本人だけでなく，まわりの子どもたちにも，あわてないで，落ち着いた態度で対応をし，信頼感を得ることが重要である。突き指やねんざは，強い外力や急激な運動によって組織が過伸展し，骨や関節周囲の血管や神経，腱などが損傷を起こした状態である。受傷直後は，RICE（ライス）で処置する。

運動とは，からだの空間移動を伴う活動であり，重心移動時にバランスを崩すと転倒する。幼児は大人に比べて，身長に対する頭や上半身の割合が大きいために重心の位置が高い。そのため，運動に伴って転倒しやすく，けがも多くなる。一方，幼児はけがをしてからだの痛みを感じることで，けがをしないように注意して行動する必要性を学ぶ。成長期の子どもは，小さなけがをすることで，大きなけがを予防する知恵を身につける。

幼児の運動場面では，安全に活動できるような環境整備に努めるとともに，子どものけがに遭遇した時に，観察にもとづく適切な判断と処置ができるようになろう。

1 運動前の体調の確認と運動中の観察

運動前に一人ひとりの機嫌や元気さを確認する。幼児は，自分から体調の不調や疲れを訴えてくることはほとんどない。体調が悪いと集中力が低下し，運動によるけがのリスクも高まる。なんとなく様子が変だなと感じたら，体温を測定する。気になる場合は，保護者と相談して休ませるという対応が必要である。

また，幼児は短時間で体調が変化するので，運動中も，言葉かけをしながら，表情や動きの様子を観察して体調不良を早期に発見し，必要に応じて休憩

第11章 運動と安全管理，応急処置の実際

させる等の対応をとる。

2 落ちついて対応しよう

　幼児は苦痛や処置に対する恐怖心を抱き，精神状態が不安定になりやすい。保育者は，けがをした本人にも，まわりの子どもに対しても，あわてないで，落ちついた態度で対応し，信頼感を得るようにする。幼児の目線と同じ高さで，わかりやすい優しい言葉で話しかけて安心させ，適切な手当をする。

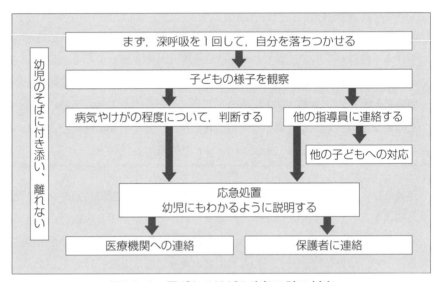

図11-2　子どものけがや病気の時の対応
出典）前橋 明編：幼児体育 理論編，大学教育出版　p.202，2016．

3 けがの手当て

(1) 外　傷

　出血している場合は，傷口を清潔なガーゼかハンカチで押さえて強く圧迫する。ティッシュペーパーは，繊維が傷口に入り込んでしまい，感染源となることがあるので避ける。出血部位は心臓より高い位置にすると，止血しやすくなる。
　外傷では，傷口からの汚れや細菌が入らないようにして感染させないことと，傷口を乾かさないことで，傷が早くきれいに治る。傷口は水道水で洗い，汚れや細菌を洗い流した後に，救急絆創膏（ばんそうこう）を貼り，傷口からの細菌の侵入を防ぐ。消毒薬は，細菌の力を弱めたり，死滅させる作用があり，傷口から細菌が

侵入して炎症を起こさない役割がある。しかし，消毒薬は人間の皮膚にも作用するため，健康な皮膚細胞の力を弱めてしまう。私たちのからだが本来もっている細胞を修復する力を最大限に生かすためには，できるだけ消毒薬を使わないで，傷口の汚れや細菌を除去し，新たに細菌が侵入しない環境をつくること[1]が大切である。

1）夏井 睦：さらば消毒とガーゼ，春秋社，p.84，2006.

洗った後の傷口には，絆創膏を貼る。ガーゼをあてると，細胞の損傷を修復するために集まってくる細胞修復因子を含んだ液体を吸い取ってしまう。また，創面の乾燥（かさぶた）は，表皮細胞の働きを妨げるので，傷痕が残る要因になる。創面は，絆創膏で覆っておくことで湿潤環境を保つことになり，細胞修復因子の働きを助け，早くきれいに治る。

傷が深い場合や釘やガラス等が刺さった場合は，皮膚の中に汚れやサビ，ガラス片などが残り，感染を引き起こすことがあるので，受傷直後は血液を押し出すようにして洗い流し，清潔なガーゼを当てて止血し，外科を受診して治療を受ける。

（2）鼻出血

鼻翼のつけね（鼻根部）の鼻中隔側に毛細血管がたくさん集まっている場所（キーゼルバッハ部位）があり，出血源になっている場合が多い。鼻出血時は，鼻翼部のつけ根を鼻中隔に向かって強く押さえると，キーゼルバッハ部位の血管を圧迫することができ，早く止血できる。

血液が鼻から喉に流れ込んできたら，飲み込まずに吐き出すようにする。飲み込んだ血液は便に交じって排泄されるが，胃から腸に進む間に，鉄分が酸化され，便の色が黒くなること，また，飲み込んだ血液の量が多いと，胃にたまって吐き気を誘発するからである。

鼻出血時は，幼児を座らせて頸を前屈させ，鼻血が前に落ちるようにして，ガーゼで拭き取る。口で息をするように説明し，鼻翼部のつけ根を鼻中隔に向かって強く押さえる。10分くらい押さえると止血する。脱脂綿のタンポンを詰める場合には，あまり奥まで入れると取り出せなくなることがあるので気をつける。

一度，出血した部分は，血管が弱くなり，再出血しやすくなっている。ぶつけたり，指のつめ等で粘膜を傷つけたときだけでなく，興奮した場合や運動したときに，突然，出血することがある[2]。止血後も，しばらくは運動を避け，鼻をかまないように伝える。

2）山本保博・黒川 顯 監訳：アトラス応急処置マニュアル原書 第9版（増補版），南江堂，p.125，2014.

第11章　運動と安全管理，応急処置の実際

（3）突き指や捻挫

　突き指や捻挫は，強い外力や急激な運動によって組織が過伸展し，骨や関節周囲の靭帯や筋肉や腱などが損傷を起こした状態である。突き指は，手指の腱と骨の断裂であり，足首の捻挫は，足首の骨をつないでいる靭帯の一部の断裂である。

　受傷直後は，下記の"RICE（ライス）"で処置する。

　　R（Rest）　　　：安静にする。
　　I（Ice）　　　　：氷や氷嚢で冷やす。
　　C（Compress）：圧迫固定する。
　　E（Elevate）　：損傷部位を（心臓より）挙上する。

　突き指は，引っ張ってはいけない。動かさないようにして，流水または氷水で絞ったタオルをあてて，3～4分おきにタオルを絞りなおして指を冷やす。痛みがひいてきて，腫れがひどくならないようなら，指に冷湿布を貼り，隣の指といっしょに包帯で巻いて固定する。その日の夕方までは指を安静に保つよう，説明する。指は軽く曲げたままで，指のカーブにそってガーゼやハンカチをたたんだものを当てて固定する。腫れが強くなったり，強い痛みが続くときは，整形外科に受診する。

　足関節の痛みの場合は，座らせて，足先をあげて支え，損傷部への血流を減らす[3]。氷水やアイスパックで冷やすことにより，内出血を抑え，腫脹や疼痛を軽減させることができる。損傷した部位の関節を中心に包帯を巻いて固定し，心臓より挙上した位置にして安静にして様子をみる。腫れがひどくなる場合や，痛みが強く，持続する場合には，骨折の可能性もあるので，整形外科を受診するようにすすめる。

（4）頭部外傷と頭部打撲

　頭部には，皮膚の表面近くまで多くの細い血管があり，小さな傷でも多くの出血が見られる。頭皮から出血しているときは，外傷時と同様に，清潔なガーゼかハンカチで傷口を覆い，圧迫止血する。止血した後に，濡らしたタオルやガーゼ等で傷口の汚れを除いてガーゼやハンカチを当てる。頭皮が腫れている場合は，冷たい水で絞ったタオルや，氷水をビニールに入れて冷やす。頭皮の損傷時は頭蓋骨の骨折を合併しているときもあるので，注意する。救急車を要請して受診する手配をする。

3）山本保博・黒川 顯監訳：アトラス応急処置マニュアル原書 第9版（増補版），南江堂，pp.140-141，2014．

転倒や転落時に頭をぶつけて，出血や腫れがない場合でも，注意深い観察が必要である。顔色が悪い，吐き気や嘔吐がある，体動が少なく，ボーッとして名前を呼んでも反応がない，明らかな意識障害やけいれんをきたす場合などは，頭蓋内の血管が切れて，血液が溜まり，脳を圧迫している徴候である。すぐに医療機関（できれば，脳神経外科）の受診が必要である。また，頭を打った直後に症状がなくても，2〜3日後に頭痛，吐き気，嘔吐，けいれん等の症状が現われる場合があるので，保護者には，2〜3日は注意深く観察し，症状が発現したら，医療機関を受診する必要があることを説明する。

（5）熱中症の予防と対応

体温は，体内の熱産生と体表面からの熱の放散とのバランスにより，一定範囲に維持されている。幼児は新陳代謝が盛んなため，大人より体温が高めである。また，年齢が低いほど，体温調節機能が未熟なため，体温が環境温度に左右されやすいという特徴がある。

長時間高温度の環境下にいると，体温の放散が十分できないため，体温が上昇してしまう。また，運動により，体熱の産生が大きくなり，体温が上昇し，体熱の放散が追いつかないと，体温が上昇し，体温調節中枢の異常をきたし，熱中症になってしまう。熱中症を予防するとともに，初期症状を見逃さずに早めに対応する。

1）熱中症の予防

運動により産生された体熱の放散を助けるために，肌着は，吸水性や通気性のよいものを着るように，また，汗を拭きとるタオルと着替えを持参するように指導する。

室内での運動時は，窓やドアを2か所以上開けて，風が通りやすいようにする。屋外では，帽子を着用するように指導し，休息時は日陰で休める場所を確保する。

水筒を持参させて，運動前と運動中は，少量ずつ頻回に水分をとるように指導する。年齢が低い子どもほど，休憩をこまめにとる。休憩時は，喉が渇いていなくても，一口でも水分をとるように指導する。水分は，麦茶，薄い塩分を含んだものがよい。市販のスポーツドリンクは，糖分が多く浸透圧が高いために，血液中の電解質のバランスを急激に変化させるので，幼児の場合は2倍に薄めたものを準備するよう指導する。

2）熱中症の初期症状と対応

発汗が多い，顔面が紅潮している，ボーっとしている等は，熱中症の初期症状である。急いで水分補給と体温の放散を助ける処置が必要である。

まず，風通しがよい木陰やクーラーのきいた部屋など，涼しい場所に移動する。衣服を緩（ゆる）め，横にしてうちわ等であおいで風を送る，氷や冷たい水で濡らしたタオルを顔や頭，手足に当てると気化熱が奪われるので，効率よくからだを冷やすことができる。意識がはっきりしていたら，0.1～0.2％の塩水やスポーツドリンクを2倍に薄めたもの等を飲ませる。からだに早く吸収できるよう，常温または，あまり冷たすぎない温度のものを勧める[4]。

4）山本保博・黒川 顯 監訳：アトラス応急処置マニュアル原書 第9版（増補版），南江堂，pp.192-193，2014．

3）進行した熱中症

発汗が止まり，からだの冷却ができなくなると，体温が上昇し，体温調節中枢に異常が起こり，脱水が進行する。皮膚は乾いて熱感があり，気分が悪くなって意識を消失する。

119番で救急車を要請し，上半身を高くした姿勢でからだを冷やす。衣服を脱がせて，濡れたタオルでからだを拭く，衣服の上からシャワーをかける等の方法で，できるだけ早くからだを冷やす。意識レベルや脈拍，呼吸を観察し，記録する。

● 演習課題

5歳児クラスの男児が園庭で鬼ごっこをしていた。2人の子どもがぶつかって転倒した。A児は顔（口と鼻）から出血して泣いている。B児は倒れている。その場には，他の子どもとあなたしかいない。

課題1：あなたは一番初めに何をするだろうか？
課題2：どちらの子どもの様子を先に観察するだろうか？　それはなぜだろうか？
課題3：鼻血が出ているA児は痛みと不安で泣いている。どんな対処をするだろうか？
課題4：倒れていたB児に声をかけると，目を開けて自分で起き上がり，鬼ごっこに戻ろうとしている。どんな対応をするだろうか？

第12章 物的な環境づくりと場の環境づくり

　子どもの運動環境を考えるときに，楽しく，安全に活動できることが何よりも大切なことである。遊具や器具の状態を確認しつつ，実際に使用して，体験的に安全性を確認する作業も不可欠である。部屋の環境や屋外の環境においても，危険性のある個所に対して，修繕や撤去，使用禁止の事前対策をとる。幼児に対しては，遊具や器具の安全な使い方や活動する場所の状況把握につながる指導を日頃から行うことが求められる。

　幼児の溢れる運動欲求を十分に満たすことは，心身の健全な発育・発達にとって大変重要である。そのためには，幼児が主体的に「運動したくなる」ような環境づくりが必要だろう。

　この環境とは，保護者や指導者のかかわりといった「人的な環境」，遊具や運動器具といった「物的な環境」，幼児が活動をする「場の環境」が有機的に機能してこそ，有意義な効果を生むといえる。

　運動あそびに積極的でない幼児に対して，無理やりそれを押しつけても効果は得られない。幼児自らが「楽しそう」と感じ，「してみたい」，「遊んでみたい」と思える環境を提供することは，幼児の主体的な身体運動を引き出し，その結果，身体機能や運動能力を向上させ，健全なからだの発育・発達につながっていく。

　ここでは，幼児が主体的に運動をしたくなるような環境づくりのうち，「物的な環境」と「場の環境」について触れてみたい。

1　遊具，運動器具などを使った物的な運動環境づくり

　屋内でも屋外でも，広い空間に入った途端，自然と走り回る幼児の光景をよく見ることがある。このように，幼児は，たとえ遊具がなくても，広い空間に立つと自ら走りたくなる（運動したくなる）ようである。しかし，そこに遊具

や運動器具などを使って，幼児が「楽しそう」と感じ，好奇心を駆り立てる環境をつくったなら，その運動意欲はさらに掻き立てられ，運動量自体がより一層増えていく。

そして，この環境構成を幼児体育の視点で捉えるならば，幼児期に身につけてもらいたい運動能力に基づいて，意図的に構成することが必要になる。

また，やさしい内容からだんだん難易度が上がるよう，段階的に遊具や運動器具を設定する等，計画的に環境を構成することが重要になる。幼児が初めから，「自分にはできそうにないな」と感じてしまうような設定は，積極的な運動につながらないだろう。段階的な設定により，「できた」体験をすることは，運動意欲をさらに高めるとともに，豊かな心を育むことにもつながるだろう。

そのためには，例えば，基本的な運動スキルである移動系の運動スキル，非移動系の運動スキル，平衡（バランス）系の運動スキル，操作系の運動スキルが身につくような仕組みを構成するとよい。

（1）移動系の運動

この運動では，走る，歩く，跳び越える，這う，転がる，登る等の運動ができる環境を遊具や運動器具を使って設定するとよい。また，それぞれの状況に応じて，自分で判断してからだをコントロールできるような環境を構成することも効果的である。

具体的には，マットの上をウサギになって跳ねながら移動したり，寝転んでゴロゴロと横回転して移動したり，跳び箱をよじ登り，上からジャンプして降りたりといったあそびが考えられる。

（2）非移動系の運動

この運動には，鉄棒にぶら下がる，重たいものを押す，引く等の運動がある。具体的には，鉄棒から落ちないようにぶら下がったり，ロープを離さないようにしがみついたりというようなあそびが考えられる。

（3）平衡（バランス感覚）系の運動

この運動では，平均台の上を歩いたり，床やマットに引かれた線の上を外さないように歩いたりするような動的平衡性の運動や，片足で動かないように立つような静的平衡性の運動がある。また，運動能力の発達段階に応じて，鉄棒運動やマット運動を取り入れて，逆さ感覚や回転感覚を養うような仕組みを設定してもよいだろう。

（4）操作系の運動

　この運動では，運動の目的を達成するため，状況に合わせて各身体機能をうまく協応させるような運動（協応運動）が考えられる。具体的には，転がるボールを網でキャッチする，床に置かれた的にめがけてボールを転がす等の運動がその一例となるだろう。

　基本的運動スキルを育む４つの運動構成を説明したが，ここで大切なことは，幼児が「おもしろい」，「楽しい」と感じることのできる設定にすることである。幼児は，これらの運動を楽しみの中で意欲を高め，主体的に取り組み，繰り返し体験しながら身体能力を高めるからである。
　また，それぞれ経験できるしかけを各コーナーに配置して，次々と取り組んでいくことで，繰り返し体験でき，運動量も確保できる。
　こうした幼児がエンドレスで遊べる「コーナーあそび」と「エンドレスあそび」を組み合わす環境設定は，幼児の好奇心や運動への意欲が高まり，主体的な運動につながる効果的な運動環境となるだろう。

（5）自由な工夫ができる環境づくり

　幼児が，あそびを自由に工夫し，創造しながら発展させることのできる環境を提供することは，創造力を育むうえで大切であろう。
　そのために，遊具や運動器具だけでなく，段ボールや空き缶などの廃材を幼児が自由に使って，子ども独自の発想であそびを発展させることのできる環境を提供することも大切であるといえる。
　また，友だちと協力することで達成できるような課題をあそびの中で設定し，それをどうしたら克服できるかを幼児自らが考えることで，創造力だけでなく，協調性や社会性の育成も期待できるのではないだろうか。

2　運動を促す場の環境の構成
－園庭の芝生化による効果事例－

　広い空間では，幼児がよく鬼ごっこで走り回って遊ぶ光景を目にすることがあるが，この広い空間は，それ自体が幼児のダイナミックな身体運動を引き出しているのではないだろうか。
　また，ただ何もない広い空間だけでなく，例えば，園庭にはぶらんこやすべり台などの固定遊具があったり，園庭の樹木があったりして，それらが障害となるような園庭では，幼児はあそびの中でその障害物にぶつからないようにう

まくかわしながらすり抜けたり，潜り抜けたり，跳び越えたり，時には危険を察知して急ブレーキをかけたり，走る速度を変えたりしながら遊ぶことになる。こうした多様な運動の繰り返しにより，巧みな身体運動が身についていく。

遊具や運動器具を使った運動あそびだけでなく，広い空間や障害のある空間でダイナミックにからだを動かしながら遊ぶことで，様々な体験ができ，心とからだの機能を向上させることが期待できるので，積極的に屋内外の多様な空間を活用して，運動あそびの経験を増やしたいものである。

（1）芝生に内在する魅力を生かした環境構成

幼児にとって，屋外での運動あそびは，ダイナミックな身体活動を引き出すだけでなく，太陽の光を浴びることにより骨が強くなったり，交感神経によい刺激が送られ，脳が覚醒したりする等，心身の健康に大変効果的な経験となるため，積極的に屋外での運動あそびを経験させたいものである。

元来，幼児は屋外での運動あそびが大好きであり，誰に促されなくても，そこに設置されている遊具で楽しく遊べる。

そして，幼児はこうした屋外でのあそびの中で，視覚や聴覚，嗅覚，触覚などの感覚を育む。それが，芝生の園庭であれば，幼児が裸足で走り回ったり，寝転んだりすることで触覚が刺激され，芝の緑やにおいは視覚や嗅覚を刺激する。

これまで，園庭や校庭の芝生化によって得られる有益な効果として，「屋外で遊ぶ子どもの増加」，「運動量の増加」，「けがの減少」，「砂塵の減少」，「気温上昇抑制」などが示唆されてきた。

また，上澤[1]らは，子どもの最も身近なあそび場所である芝生化された校庭は，子どもの身体能力の向上や健康に効果を発揮されるものと考え，座る，寝転ぶや転ぶ，転がる等の地面と接する動作が誘発されていることを明らかにしている。

実際，校庭の芝生化を導入している複数の総合支援学校において，身体に障害のある生徒が自ら車いすを降りて，芝生の上でゴロゴロしている場面がみられることから，芝生には「それに触れたい」，「そこの上にあがりたい」という気持ちを起こさせる力，芝生に内在する「魅力」がある。

これまで，園庭の環境が違う3園（A園：園庭の概ね全面が芝地の園，B園：園庭の約1/5が芝地の園，C園：土の園庭のみの園）の幼児（5・6歳児）83名を対象に，ある風景の地面を「芝生」と「土」に加工した2枚の写真を見せ，「どちらで遊んでみたいか」を尋ねたところ，全体で約80％（A園：約82.4％，B園：約91％，C園：73％）の幼児が芝生の写真を選択した。

1）上澤美鈴他：校庭の芝生化が児童のあそびの種類や身体動作に与える影響に関する研究，環境情報科学論文集23, pp.263-268, 2009.

まさに幼児に，「芝に触れたい」，「そこで遊びたい」と思わせる何らかの「魅力」が芝生に内在しているといえる。

つまり，芝生の園庭には，幼児が自然と外に出て遊びたいと思わせる内在的な「魅力」があり，主体的で能動的な運動を引き出す効果が期待できる有効な環境構成の一例といえる。

ただ，芝生を良好な状態で維持するためには，水やりをはじめとする日常の作業や一定の養生期間を設ける等，管理が必要になるため，手間がかかったり，一定の制約を設ける必要が出たりする。幼児にとって外あそびを制限することは，発育・発達上，好ましくな

写真12-1　全面芝生の幼稚園の園庭

いため，できれば園庭は，例えば，芝地と土の両方を確保する等して，芝生の養生期間でも外あそびが可能な環境構成が望ましいだろう。

（2）遊具や運動器具，施設の安全性の確保

幼児の運動環境を考えるとき，楽しく，安全に活動できることが何よりも大切なことである。

いろいろな遊具や運動器具を設置する際，幼児はこの遊具や運動器具で，どのように活動し，遊ぶのか，事前にシミュレーションし，その際に考えられる危険を取り除く配慮が必要である。さらに，遊具や器具などが劣化したり，破損したりしていないかを確認しつつ，実際に使用して体験的に安全性を確認する作業も不可欠であろう。

また，部屋の環境によっては，柱やピアノの角などにからだをぶつける危険性があったり，床の劣化によるけがの心配があったりする。さらに，屋外であれば，固定遊具や壁，地面の穴などもけがのもとになりかねない。遊具や運動器具だけでなく，その活動空間全体をチェックし，環境を把握したうえで，必要に応じて柱に弾力性のあるカバーを施したり，移動できる備品は排除したり，危険性のある個所に対して，事前に安全対策をとることも重要である。

このように，幼児が使用する遊具や運動器具，そして，その活動場所に対する安全を確保することは，効果的な運動環境をつくる上で重要である。

さらに，幼児にも危険に対しての理解ができるよう，それらの遊具や運動器具，施設内を活用して安全な使い方や活動する場所の状況把握につながる指導をすることも重要である。これらを幼児一人ひとりが理解し，様々な状況に適

切に対応できるようになることで，より安全な環境構成が可能となる。

●演習課題
課題1：物的な環境や場の環境が幼児に与える影響を考えてみよう。
課題2：幼児の感覚を育む環境構成を考えてみよう。
課題3：幼児が工夫して遊べる環境として必要なものを考えてみよう。

第13章 幼児体育と小学校体育科の（円滑な）接続のあり方

体育分野の接続期カリキュラムを構成するにあたって，「幼児期や児童期前期（低学年）では，多様な動きを経験させていくこと」を基本に置くことはきわめて重要である。ある特定の運動技能を上達させるといった達成目標でなく，多様な基礎となる運動や動きをする中で，からだを動かす楽しさや心地よさを経験する経験目標から，カリキュラムを考えていく必要がある。要は，幼児期から児童期への発達の連続性に目を向けていかねばならない。

1 現状と課題

日本の保育・児童教育は，ともに質が高い。加えて，多くの子どもが就学前施設（保育園，幼稚園，認定こども園をいう）に就園し，小学校に入学するシステムを構築している。では，保育と児童教育をつなげる就学前施設と小学校の連携・接続は，どうなっているのだろうか。

これまで，「小1プロブレム」[*1]をはじめとした教育的課題から，行政主導で就学前施設と小学校の連携や接続の重要性は，社会に周知されてきた。実際，現行の幼稚園教育要領，保育所保育指針，幼保連携型認定こども園教育・保育要領，小学校学習指導要領において，就学前施設と小学校との円滑な接続のための連携を一層充実させ，推進していくこと[1]が明記されているのである。その上で，小学校への円滑な移行のための様々な取り組みが，各自治体や各学校・園で進められてきている。年々，連携や接続の取り組みは盛んになってきている現状であり，その多くは，幼児・児童の交流活動や教員研修での交流などである。実際，文部科学省による2008（平成20）年度幼児教育実態調査の幼小交流活動の状況では，約55％（公立園・私立園を含め）であったものの，2014（平成26）年度の同一の調査では約75％（公立園・私立園を含め）[2]に増加している。

*1 小1プロブレム
 入学したばかりの1年生で，集団行動がとれない，授業中座っていられない，話を聞かない等の状態が数か月継続すること（2007年度〜2011年度東京学芸大学「小1プロブレム研究推進プロジェクト」の定義を引用）。

1）文部科学省：幼稚園教育要領, p.7, 2017.
厚生労働省：保育所指針, p.49, 2017.
文部科学省：小学校学習指導要領, p.7, 2017.

2）文部科学省：平成26年度幼児教育実態調査, p.15, 2015.

しかし、このような現状から、社会的ニーズに対応して就学前施設と小学校との連携や接続が問題なく、円滑に取り組まれていると楽観視することはできるのだろうか。

そこで取り組まれている連携内容を概観すると、年数回の授業や行事、研究会での交流のみで、接続を見通した教育課程の編成・実施が行われていない状況が半数以上[2]であった。その理由の1つとして、保育と教育という子どもたちの人間形成という点に深く関わっていながら、就学前施設・小学校には個々の固有文化が存在していることがあげられるだろう。築き上げられてきた個々の伝統的な固有文化・価値観が、相互理解や情報交換・共有を円滑に行うことを難しくしているのであろう。

前記のような点から、単なるイベント的な幼小交流や教員同士の研修で終始するのではなく、協同的に幼小連携・接続へと具体的方策を提示していくことが求められている。また、現在、子育てや教育に関する社会的背景や価値観の多様化などから、幼稚園から小学校への連携・接続だけではなく、保育園、認定こども園を含めた保育と教育が一体となった連携・接続を考えていかなければならない。その意味でも、就学前施設と小学校との相互理解や情報交換・共有が必要である。

そこで、文部科学省が「幼児期の教育と小学校教育の円滑な接続の在り方について（報告）」[3]の中で、幼児期から児童期の円滑な接続に対する方策の1つとしてあげているのが、接続カリキュラム（就学前施設から小学校の学習や生活に円滑に接続できるように工夫されたカリキュラム）の作成である。その作成にあたっては、幼稚園教育要領、保育所保育指針、幼保連携型認定こども園教育・保育要領の5領域と小学校の各教科学習指導要領との関連づけ等が重要になることは言うまでもないだろう。

小学校学習指導要領[4]では、幼稚園教育との接続に関する規定が記載されている。その記載事項から、生活科を中心とした図工科や音楽科、国語科などの合科的な指導実践が多く見られる。一方で、幼児体育と小学校体育科の連携を意識した指導実践は、数少ないのが現状である。昨今、子どもたちの心身発達の問題が多く取り上げられ、乳幼児期から積極的に多様な運動あそびに取り組んでいく必要性が叫ばれていることを踏まえれば[5]、幼児体育と小学校体育科のさらなる円滑な接続の在り方に焦点を当てていかねばならないだろう。文部科学省のスポーツ基本計画においても、積極的にスポーツに取り組む子どもとそうでない子どもの2極化は、小学校の低学年からその傾向が認められ[6]、幼児期からの積極的な取り組みを求められている。このような社会的要請が高い中、前橋明は、「指導の目標を立て、学習内容を構造化して、指導方法を工

3）文部科学省：幼児期の教育と小学校教育の円滑な接続の在り方について（報告），2010.

4）文部科学省：小学校学習指導要領，p.7, 2017.

5）文部科学省：幼児期運動指針，p.12, 2013.

6）文部科学省：スポーツ基本計画，pp.7-8, 2012.

夫・検討し，その結果を評価し，今後の資料としていく[7]」必要性について言及しており，幼児期の体育あそびの重要性を指摘している。幼児期には，杉原隆が指摘するように，自己決定のある自由度の高い運動あそびももちろん大切である[8]。それらを認識した上で，小学校体育を見据えた接続期には，自由度の高い運動あそびと構造化された体育あそびを含めた取り組みについて考えていくことが必要であろう。したがって，本章では，体育分野における子どもの発育・発達や学びの連続性を保障する就学前施設と小学校の接続のあり方について述べていく。

[7] 日本幼児体育学会編：幼児体育, 大学教育出版, pp.34-45, 2009.

[8] 杉原 隆：運動発達を阻害する運動指導, 幼児の教育107（2），pp.16-22, 2008.

2 幼児期にとっての体育
－児童期への接続の重要性－

　急速な現代社会の変化により，子どもたちの体力・運動能力の低下や運動の二極化は著しい。幼児期にからだを動かして遊ぶ機会の減少の影響は大きく，そのことが，その後の児童期や青年期での運動やスポーツに親しむことへの阻害要因[9]としてあげられている。また，からだを動かして遊ぶことは，他者とのかかわりや自然とふれあう機会を保障している。さらに，友だちとともにからだを動かして遊ぶことは，規則や順番を守ったりすること等の規範意識を高め，協力して目的を達成するといった互恵関係を築いていく。時には，お互いの主張が対立し，喧嘩も生じる。それらを経験することにより，社会的スキルが向上し，コミュニケーション能力や協調性などの対人関係能力が育成される。その点で，からだの発達だけでなく，心の発達にも大きな影響を及ぼしているといえる。

[9] 文部科学省：幼児期運動指針, pp.48-51, 2013.

　しかし，幼児期において積極的に運動あそびに取り組んだとしても，児童期（小学校体育科）への接続が連続性のない寸断されたものであったら，子どもたちの健全な心身の発達を促していく点で意味をもたない状況になってしまうだろう。また，スキャモンが示した発育・発達プロセス（p.44参照）における神経系の発育・発達からも幼児期から児童期の接続期に当たる5～7歳での運動への取り組みの重要性は示されている。神経機能の発達が，接続期には大人の9割程度まで発達する。そのため，この時期に巧緻性や調整力といった，からだを巧みに動かす力を身につけていくことが重要なのである。それらを身につけていくためには，特定のスポーツや運動を繰り返し行うのではなく，多様な経験を通して，多様な動きを獲得していかねばならないのである。

　発育・発達における幼児期と児童期の接続の重要性を述べてきたが，実際の幼稚園や小学校のカリキュラムや指導を規定する「幼児期運動指針」・「幼児期の運動に関する指導参考資料」・「小学校学習指導要領解説体育編」の内容に着

第13章　幼児体育と小学校体育科の（円滑な）接続のあり方

目してみたい。

　文部科学省の各資料や学習指導要領からも，幼児期の幼児体育と児童期の学校体育にかけて，接続の連続性を意識し，重要視していることが見て取れる。幼児期運動指針では，多様な動きが経験できるよう，様々なあそびを取り入れること[10]が重要なポイントと記載され，2020（平成32）年度より全面実施される小学校体育科の学習指導要領においても，低学年の「各種の運動遊び」の内容として，「体つくり運動遊び，器械・器具を使っての運動遊び等A～Fの運動遊び」が示されているからである[11]。加えて，各運動領域においても低学年は「遊び」という文言が並べられ，例示であげられている内容においても，幼児期の運動に関する指導参考資料の内容との系統性がうかがえるのである。これらからも，幼児期（就学前施設），児童期（小学校）と教育的な段階は変化するものの，まだまだ一人ひとりの発達・発育における個人差が大きい幼児期から児童期への接続期では，発達段階を考慮し，様々な基本的な動きを総合的に身につけていくことの重要性が理解できる。それぞれを分断させた実践や取り組みでは，子どもたちが心身ともに健康に生きるための基盤は培えないだろう。その意味で，子どもたちに関わる保育者や指導者は，接続期の体育の重要性について認識していくことが必要である。

　他方で，わが国における幼児体育や学校体育に対する期待についても触れておきたい。

　わが国は，さらなるスポーツの普及に向けて，2011（平成23）年にスポーツ基本法が制定された。それに基づいた方針としてスポーツ基本計画が策定され，7つの柱の1つとして，子どものスポーツ機会の充実が示された[12]。具体的な内容は，以下である。

　① 幼児期からの子どもの体力向上方策の推進。
　② 学校の体育に関する活動の充実。
　③ 子どもを取り巻く社会のスポーツ環境の充実。

　上記の内容からも，就学前施設や小学校での体育をはじめとした運動・スポーツへの取り組みの充実が社会的に重要視され，期待されていることが理解できるだろう。このような点を踏まえ，幼稚園教諭，保育士，幼児体育指導者，小学校教諭などの幼児期と児童期に関わる体育の指導者においては，それぞれの立場を超えて連携を図り，よりよい実践や取り組みを行うことが求められているのである。

10) 文部科学省：幼児期運動指針, pp.30-41, 2013.

11) 文部科学省：小学校学習指導要領解説第9節体育, pp.123-125, 2017.

12) 文部科学省：スポーツ基本計画, pp.7-14, 2012.

3　連続性と一貫性を踏まえた教育課程

(1) 発達段階を踏まえた接続期カリキュラム構成のあり方

一般的にカリキュラムとは，学習内容を各発達段階に応じて，順序づけしたものや配列したものと捉える。しかし，幼児教育と小学校教育ともにカリキュラムを構成しているが，図13-1のような大きな相違点が見られる。

幼児教育

・5領域（健康，人間関係，環境，言葉，表現）を総合的に学んでいく教育課程など
・子どもの生活リズムに合わせた1日の流れ
・身のまわりの「人・もの・こと」が教材
・総合的に学んでいくために工夫された環境構成など

小学校教育

・各教科の学習内容を系統的に学ぶ教育課程
・時間割に沿った1日の流れ
・教科書が主たる教材
・系統的に学ぶために工夫された学習環境など

図13-1　幼児教育と小学校教育の比較

出典）文部科学省：幼児教育，幼小接続に関する現状について，2015を参考に作成.

このような相違点をはじめ，学習方法や指導方法にも違いが存在することは言うまでもないだろう。その違いこそが，小1プロブレムという現象を生んでいる要因の1つである。それらを踏まえ，体育分野における接続期カリキュラム構成のあり方を模索することは，きわめて重要なことである。

先述したように，小学校体育科の学習指導要領では，接続期の子どもたちの特徴をよく捉え，意識したカリキュラムが構成されている。それは，以下の指導方法に関する配慮事項からもうかがえるのである。

『低学年児童の特徴をよく知り，この頃の児童に適した学習指導のあり方を考えることです。低学年児童の特徴の一つは，思考と活動が未分化な時期にあることです。つまり，「動くこと」と「考えること」が同時に進むのが，この頃の子どもたちです。また，様々な運動あそびの経験から，運動への肯定的な態度や多様な動きを身につけるときです。低学年の体育の学習指導では，このような児童の発達の段階に応じて，何よりも「① 易しい運動あそびを通して運動の楽しさを十分に味わわせること」が大切な

ことです。様々なやさしい運動あそびに夢中になって取り組む中で，運動の特性や魅力をしっかりと感じとったり，運動への肯定的な態度が育ったりするからです。また，児童が「② 進んで自分たちの活動の仕方やルールを工夫することができる」ようになったり，「③ 運動を楽しく行う中で，からだの基本的な動きや各種の運動の基礎となる動きを身につけたりすること」も，生涯にわたって運動に親しむ資質や能力を育てるスタートの段階として必要なことです。」[13]

この「小学校体育（運動領域）まるわかりハンドブック：低学年」に記載されている配慮事項やその他の指導ポイントは，幼稚園教育要領や保育所保育指針，幼保連携型認定こども園教育・保育要領における健康領域のねらいと合致したものと捉えることができ，子どもたちの発達段階を考慮した連続性のあるカリキュラム構成を目指していることが理解できる。

ゆえに，体育分野の接続期カリキュラムを構成するにあたって，この動きは年長，この運動は1年生などと明確に区別することは困難といえる。「年長で経験しているから，1年生ではもっと発展的な内容を組み入れる。1年生の内容だから，年長では取り上げない」という考えは捨てなければならない。そして，幼児期の取り組みを小学校体育科の土台となるものとして意識すべきあろう。

これまで述べてきたように，幼児期や児童期前期（低学年）では，多様な動きを経験していくことが重要であることは周知の事実である。一方で，児童期後期（高学年）以降では，特定の運動やスポーツによる技能や思考判断，知識の学習が重要になる。このように，小学校体育科では，各学年の発達段階から，学習内容が段階を追って明確に示されている。そこで，接続期における体育科の学習内容から，ある特定の運動技能を上達させるといった達成目標ではなく，多様な基礎となる運動や動きをする中で，からだを動かす楽しさや心地よさを経験する経験目標からカリキュラムを考えていく必要がある。しかし，発達段階を考慮せず，ある一定の運動技能の獲得を目標にカリキュラムを構成してしまうといった問題点がある。目標・指導・評価は一体となっているものである。「できる・できない」といった目標にしてしまうと，指導も画一的になり，評価も技能重視になってしまうだろう。これこそ，「運動好きの体育嫌い」という子どもたちを増加させている要因と考えられるのである。

このように，接続期カリキュラムは構成していく上では，発達段階を踏まえた保育内容・学習内容を設定することが重要である。なぜなら，幼児体育と小学校体育科というカテゴリーではなく，子どもたちの発達の連続性に目を向け

13）文部科学省：小学校体育（運動領域）まるわかりハンドブック低学年，p.8，2011．

ていかねばならないからである。就学前施設を3月に卒園した幼児が，4月の小学校入学時に，心身の目覚しい発達を遂げてくることはないのである。

（2）接続期カリキュラムにおける指導のあり方

　児童期後期（高学年）以降は，系統的・体系的な指導が重要である一方，幼児期や児童期前期では，主体的に活動させるための環境設定を含めた間接的な指導が基本となる。そこで，子どもたちの主体的な活動を誘発するような教材（用具，ルール等）や指導方法が重要になる。この時期に，画一的な保育内容・学習内容を一斉指導のみで行うような保育や授業は適していないことを認識しておく必要があるだろう。このような間接的な指導や自由度の高い運動あそびが，幼児期や児童期前期に重要であることは先行研究からも明らかである。しかしながら，接続期カリキュラムにおける指導では，自由度の高い運動あそびにおける間接的指導を行った上で，構造化された直接的指導も含めた体育あそ

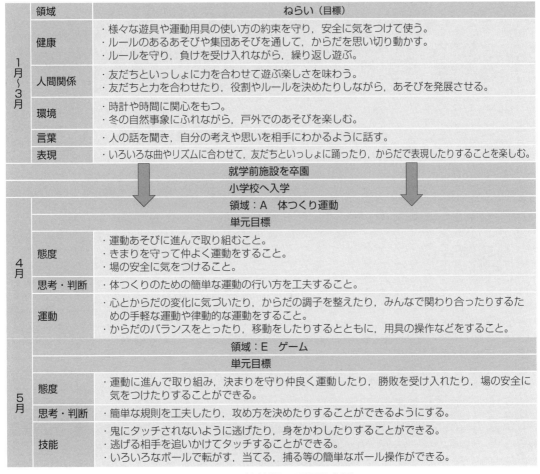

図13-2　接続期の目標設定例

第13章 幼児体育と小学校体育科の（円滑な）接続のあり方

保育指導計画：鬼あそび

回数 時間	1	2	3	4
40分	準備運動			
	それぞれ好きな鬼ごっこをする。			
	集合： ルールの確認 あそびの約束	集合：ルールの確認		
		陣取り鬼	陣取り宝取り鬼	陣取り宝取り鬼
	陣取り鬼	話し合いをもとに，発展させていく（ルールや約束事など）→		
	まとめ：次の時間への話し合い			

単元計画：A 体つくり運動

回数 時間	1	2	3	4	5	6
45分	集合：あいさつ					
	準備運動					
			めあての確認			
	オリエンテーション 学習の決まりや約束を知る。			1〜3時間目で取り上げたあそびの中から，自分が行いたいものを選んで取り組む。 （それぞれの発展的な課題も用意しておく）	1〜4時間目で取り上げたあそびの中から，自分が行いたいものを選んで取り組む。 （それぞれの発展的な課題も用意しておく）	チャレンジサーキットランド ・コースを選択する。 ・友だちといっしょに行う。 ・新しい遊び方を考え，友だちに教える。 ＊遊び方や競争の仕方を工夫し，からだを動かす楽しさを感じる。
	運動あそび （バランス） （からだの移動） （用具の操作） （力試し）	運動あそび （バランス） （からだの移動） （用具の操作） （力試し）	運動あそび （バランス） （からだの移動） （用具の操作） （力試し）			
		新しい技や遊び方，工夫の仕方を考える				
		振り返り（楽しかったことや発見したことを発表する）				

単元計画：E ゲーム

回数 時間	1	2	3	4	5	6
45分	集合：あいさつ					
	準備運動					
	単元のめあての確認 体育のルールについて		めあての確認			どの鬼ごっこをするか，話し合いで決める。
		陣取り鬼	陣取り宝取り鬼	陣取り宝取り鬼	宝運び鬼	
		振り返り	作戦タイム	振り返り	作戦タイム	○○鬼
	バナナ鬼：色鬼	グループにわかれて，好きな鬼ごっこをする	陣取り宝取り鬼	宝運び鬼	宝運び鬼	
	振り返り（話し合い・学習カード記入・発表）	振り返り（話し合い・学習カード記入・発表）	振り返り（話し合い・学習カード記入・発表）	振り返り（話し合い・学習カード記入・発表）	振り返り（話し合い・学習カード記入・発表）	単元の振り返り（話し合い・学習カード記入・発表）

図13-3 接続期の単元計画（保育指導計画）例

びを組み込んでいくべきであろう。どちらか一方に偏りをみせるのではなく，バランスよく組み合わせることが求められる。そして，現在，幼児期〜児童期に保育内容・学習内容として取り上げることができる自由度の高い「運動あそび」から教育的営みのある「体育あそび」は研究や実践も進んでおり，多様で種類も多い。その状況下においては，子どもたちの体力や運動能力，社会的発達，情緒的発達，知的発達などの実態に応じて，既存の運動あそびをどうアレンジしていくか。また，どのようにカリキュラムに組み込んでいくかが問われている。

（3）接続カリキュラムの実際

　幼児体育から小学校体育への接続カリキュラムについて，幼児体育の成果を小学校体育科へどう生かしていくか，移行期の学習内容を相互理解する必要がある。そのためには，まず各学校と園で連携し，知識や情報を共有化していくことが欠かせない。

　接続カリキュラムを実施するための留意事項として，先述したように，学習内容や取り組みについて，各機関のカリキュラム理解と情報共有があげられる。例えば，幼児期に関わる保育者に，小学校体育科の学習指導要領（低学年）の各運動領域が「〜遊び」と記載されていること，「鬼遊び」や「伝承遊び」が内容で記載されていることは，あまり知られていない[14]。また，幼児期から児童期前期に必要とされる多様な運動刺激を与えて，神経回路を発達させていくことを理解している小学校教員も少ないと思われる。したがって，お互いの理解不足を解決していくことが地域の実態や特色に合わせた接続カリキュラム構成・実施の第一歩になっていくのである。

　前記を踏まえ，つながりのある指導内容の一例を示すこととする（図13-2，図13-3）。

　目標（ねらい），単元計画（保育指導計画）の例である。

14) 文部科学省：小学校学習指導要領第9節体育, pp.125-126, 2017.

●演習課題

課題1：なぜ，体育分野の保幼小連携が重要になっているか考えてみよう。
課題2：体育分野の接続カリキュラム構成の留意点について考えてみよう
課題3：接続期に，どのような体育の取り組みが必要になるか話し合ってみよう。

第13章 幼児体育と小学校体育科の（円滑な）接続のあり方

コラム　学校体育との連携を目通した幼児期の運動指導上の工夫

小学校学習指導要領では，低学年であっても学習内容が明確に示されている。その学校体育の入り口である1年生の体育が楽しくない，できない，やりたくない授業につながらないように幼児期後半，特に年長児における学校体育との連携を意識した運動指導上の工夫やポイントを示していきたい。

●学習過程の工夫

段階を踏んだ指導を行う。

1	2	3
あそびの進め方や遊び方を知る段階	基礎的なあそびの中で基礎的な動作の獲得をめざす段階	幼児自身があそびを選択し，あそびを広げたり，深めたりする段階

●簡単なあそびカードの導入

やさしい動きや動作から難しい動きや動作までを提示したあそびカードを作成する。挑戦意欲をかりたて，主体的に多様な動作を経験することをねらいとする。以下に例を示す。

できたら色を塗ろう

ジャングルジムでてっぺんまで登れた	1
ジャングルジムで真ん中まで登れた	2
うんていが半分までできた	3
うんていが最後までできた	4
・	5
・	6
・	7
・	8

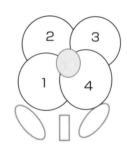

あそびカード作成例

注意点としては，できるできないに固執することなく，チャレンジしているかどうかを指導者は把握し，肯定的な声をかけていくことである。また自由に幼児自身が選択し，チャレンジさせていくことが重要である。

●小学校での学び方を意図的に導入する

決まった形での集合の仕方，身だしなみの整え方，聞く・話すときのルールやマナー，準備や片付け，安全への配慮の仕方，時間を区切った指導などを実態に応じて，適宜，導入していくこと。小学校体育授業の時間配分を少し意識するだけでもよいだろう。

コラム　　様々な子どもへのアプローチ

●からだの使い方がわからない子どもへのアプローチ

　近年，生活の利便化により，子どもたちの運動量が減った。少しの運動で疲れたり，自分のからだを支えられないことで力んでしまい，けがをしてしまう等の問題を耳にする。例えば，一昔前だと，食事はダイニングテーブルではなく，ちゃぶ台で食事をしていた。ちゃぶ台でご飯を食べると，必ず立ち上がる時に手でからだを支えて立つが，ダイニングテーブルで食事をする際は，手をつかずに立ててしまう。すなわち，様々な日常の動作の中で，手をつき，からだを支える動作が少なくなってきた。このような生活様式の利便化によって，幼少期からできているはずの，からだの使い方，身のこなし方ができなくなっているのが現状である。

　からだの使い方がうまくできないと，子どもでも左右の肩の高さが違ったり，猫背になったりする。

　対策としては，日中にしっかりと動いて遊ぶこと。中でも，1日のうち，最も体温が高い午後3時～5時の間には，からだを動かすのに最も適した時間帯である。そのときに，運動あそびを行うと，いろいろなからだの使い方を習得できるだけでなく，生活のリズムを整えるにも有効に働く。特に「這う」「回る」「転がる」「逆さ感覚」の動きは，最近の子どもに不足している動きである。これらの動きは，本来ならばあそびで身につく動きである。ぜひ意識をしてこれらの動きを取り入れた，運動あそびを行ってほしい。

●姿勢が悪い

　近年，テレビを見る姿勢が悪い，机に頬杖をつかないと，からだが支えられない等，子どもの姿勢の問題をよく耳にする。また，子どもだけでなく，大人の姿勢も悪く，注意をしなくなったことも一つの要因である。最近の子どもたちは，腹筋や背筋が弱く，腕がなければ上肢を支えられない。からだが硬い子どもは，背筋を伸ばすことが大変で，あぐらや正座で座ることも得意ではない。

　よって，思うようにからだを使うことができないため，からだが力んでしまい，常に疲れやすく，けがの原因にもなっている。姿勢が悪いと，脊柱側湾症，反り腰，ギックリ腰，猫背，猫背からくる内臓疾患，ストレートネックからの近視など，いろいろな症状につながっていく。

　最近の子どもは，サッカーやダンス，スイミング等の技術を要する運動には素晴らしい技術を身につけている。しかし，幼児期の外あそびの経験が少なく，「逆さ感覚」や「回る」「転がる」「支える」等の動きを通して，本来は養われるはずの能力があまり育っていないように感じる。流行っているから習う，カッコいいから習うのでは，選択によっては，発育・発達のバランスにかたよりを生じて，筋力低下や柔軟性の乏しさにつながるのではないだろうか。

　また，大人は，プライベートで運動を行うスペース（フィットネスクラブ等）が都心を中心に増えてきた。プライベートで運動を習うと，習得が早かったり，効果が出やすかったりする。

コラム

大人のプライベートクラスが効果があるからと言って，子どものプライベートの運動クラスは勧めない。理由としては，一人で運動を行うため，他者との距離感や方向性などの空間の認知能力が乏しく，運動を通して，本来刺激される，大脳や前頭葉への刺激としては弱いからである。

対策としては，まずは運動の基本である歩く，走るをしっかり行うこと。そして，太陽が出ている時間に，外で運動あそびや，親子での外あそびの経験をし，生活のリズムを改善すること。幼児期は，脳・神経系機能の発達が著しい時期である。だからこそ，いろいろな運動経験や，外あそびをさせて，正しい姿勢になるように心がけることが大切である。

●走ることや歩くことが苦手

1日の平均歩数は，何歩くらいだろうか？また，常に車や自転車の後部座席に座っていると歩数はどうなるだろうか？近年では，歩く能力や走る能力があるのにも関わらず，使う経験が少ないために，子どもたちの体力は高まっていかない。親も子どもたちがどれ位の距離やスピードで走ったり，歩いたりできるのか，知らない人が増えてきた。むやみに子どもたちを車で運んでも，子どもたちの力はついてこない。歩くことは運動の基本，走ることは運動の主役と言われるように，日ごろの歩行の積み重ねが心身の健康づくりや精神力・体力づくりの基本となる。まずは，歩くことを大切にしよう。歩きたがらない場合は，親子で緑道や公園でうたを歌ったり，お話をしながら楽しく散歩をしてみるのがよいだろう。子どもの歩く速度は，とてもゆっくりなので，親もゆっくり歩いて，速度を合わせてあげることが大切である。

●ボール投げが下手

最近では，公園や広場で「ボール投げ禁止」の看板を見かけることが多くなってきた。そのことにより，ボール投げの経験が少なく，ボール投げが下手だったり，苦手だという子どもたちがいる。また「這う」「支える」動作が少なくて，体力的に苦手だという背景もある。まずは，力いっぱいボール投げができる広い広場やスペース，体育館などで親子でボールあそびをする経験を増やすことがよいだろう。はじめから，ボールを投げる練習をするのではなく，転がしてコントロールの練習をしよう。慣れてきたら，距離を伸ばしたり，的に投げたりして，ボールあそびの運動経験を増やそう。ボールあそびの運動経験を増やすことで，ボール投げが器用になっていき，上達への近道へとつながるだろう。

実践編

第14章 準備運動と整理運動

　準備運動のことを，英語で"warming up"という。つまり，体温を上げること。全身を動かして，筋肉の血液循環をよくし，エネルギー供給をスムーズにする。運動効率をよくするからだの状態をつくることである。もちろん，けがや事故の防止にもつながるコンディションづくりになる。心臓に遠いからだの部分から動かし，次第に全身を動かす。後で行う主運動でよく使うからだの部分は，しっかり動かし，筋肉の緊張をほぐしておくとよい。

　準備運動は，活動や運動を行う前に，手や足を動かし，筋肉の血液循環をよくし，体温を上げることである。首を回し，ジャンプする等をして，運動を円滑に行いやすくする。また，活動や運動を，安全に効率よく実施できるように，筋肉の緊張をほぐし，関節の可動域を広げておく。

　整理運動は，動いて使った筋肉の緊張をほぐし，呼吸を整えていくことで，疲労の蓄積を軽減させ，次の活動に円滑に進めるようにする。特に，活動の振り返りや心とからだを落ち着かせる時間にもなる。

1. 上肢の運動

（1）屈伸運動

　腕を縮めたり，伸ばしたりして，上肢の関節を屈伸させる。胸の前で，グーをつくってもらい，からだの前や横，上などに，パーをつくって腕を伸ばしてもらう。ボールを持ったり，鉄棒にぶら下がったりして屈伸させることで，上肢の動きが幼児にもわかりやすくなる。

第14章　準備運動と整理運動

図14-1　挙振運動

（2）挙振運動

　立位で上体を起こし，腕を横に振り，斜め上に大きく振り上げる。片腕ずつ，交互に，前から横，前から上に振ろう（図14-1）。「ブラ〜ン」や「ヒュ〜ン」等の声かけをすると，幼児にも伝わりやすくなる。

（3）回旋運動

　肩関節の可動域を広げるために，腕のつけ根を中心に大きく回す。片腕ずつ，前と後ろにぐるぐると回す（図14-2）。できる場合は，両腕を同時に回し，回すスピードに緩急をつけると，よいだろう。

図14-2　回旋運動

2　下肢の運動

（1）屈伸運動

　両膝に手をあてて，かかとを地面に付けたまま屈伸運動をする。かかとを付けたまま屈伸ができない場合は，かかとを上げてもよい。膝を曲げた後は，足を伸ばして，膝を手で押す。
　膝を曲げて手で押しているときに，「ギュッ，ギュッ，ギュッ！」と声と動作で表してあげることで，幼児にもわかりやすくなるだろう。

図14-3　前後に振り上げ

図14-4　左右に振り上げ

（2）前後への振り上げ

　上体を起こし，足を前方に振り上げ，その後，振り上げた足を後方にも振る。次第に反動をつけて，大きく振ってみよう。「えい！」と言う声かけを行うと，幼児もイメージしやすいだろう（図14-3）。バランスをとりにくい幼児は，手や腰を支えてあげたり，壁や固定遊具などを持ってもらったりするとよいだろう。

（3）左右への振り上げ

　片方の足を地面から上げ，もう一方の立っている足（軸足）の前を横切るように振り上げる。振り上げた後は，その反動のまま，反対側へと振り上げる（図14-4）。「ブラ〜ン」や「ヒュ〜ン」等の言葉かけもよいだろう。片方を何

度か行った後は，もう一方の足でも行う。バランスがとれない場合は，指導者が支えてあげたり，動かない重いものにつかまったりしてみよう。

（4）ジャンプ

　幼児の年齢や成長を考え，両足跳びか，片足跳びをしよう。前や横，後ろ等にも跳んだり，できる幼児は回転したりしてもよいだろう。友だちと手をつなぎながら跳んでも，楽しめる。

　ジャンプした後の着地を，足を前後にしたり，開いたりしてもよい。

3　首の運動

（1）前後の運動

　姿勢を正して，首を前と後ろに曲げる。その時，「おへそ見えるかな？」や「天井見えるかな？」等のように，目印となるものを伝えると，動作がわかりやすくなってよいだろう。

図14-5　左右の運動　　図14-6　左右にひねる

（2）左右の運動と左右にひねる運動

　背筋を伸ばしたまま，首を右と左に曲げる。「お耳が肩にくっつくかな？」と言いながら，いっしょにすると，幼児も理解しやすいだろう（図14-5）。

　気をつけの姿勢で，顔を左右にひねる（図14-6）。目印となるものを伝え，いっしょにしてあげると，幼児も行いやすくなる。

（3）首の回旋

　肩の力を抜き，首を大きく回旋する。目は開けたまま行い，左回り，右回り，両方に回そう。

4　胸の運動

（1）左右に開く運動

　肩幅に足を開いて前を向いて立ち，腕を前に出してから左右に腕を開く。胸を張るようにするとよい（図14-7）。その後，腕を下ろして，からだの前で交

図14-7　左右の運動　　図14-8　左右にひねる

差させてから、その反動を使って、もう一度、左右に腕を開こう。

（2）上下の運動

腕を横に出して、伸ばしたまま頭の上に腕をもっていく（図14-8）。その時、肘が曲がらないように気をつけよう。手と手がくっついたら、肘を伸ばしたまま下ろし、からだの前で交差させてから、その反動のまま、もう一度、上に両腕をもっていこう。

5　体側の運動

図14-9　左右の運動　　図14-10　2人組での運動

（1）左右の運動

片方の腕を上げて、腕のつけ根が耳にくっつくように伸ばす。姿勢は、正しておくとよいだろう（図14-9）。そのまま、伸ばしていない腕の方向にからだを曲げることで、伸ばしている腕の体側のストレッチとなる。

（2）2人組での運動

2人組でも左右の運動はできる。2人が横並びになり、両腕を頭の上でつないだ状態で、姿勢を正し、適度な力で引っ張る（図14-10）。左右の体側を伸ばすために、2人の場所を交換して、行おう。

6　背腹の運動

（1）前後の運動

閉脚の姿勢で、膝を伸ばしたまま両腕を床に向けて伸ばし、上体を曲げる（図14-11）。力を抜きながら行うことがポイントである。その後、足を肩幅に開いて、上体を起こし、後方に曲げる。手を腰にあて、あごを上げ、後ろの景色が見えるくらいまで曲げよう。

（2）ブリッジの運動

あお向けの姿勢から，両手と両足を地面につけたまま，腰を上げてからだを反らせる（図14-12）。手と足の距離を狭くして，腹部を高く上げさせよう。また，あごを上げて，地面についている手を見えるように反ろう。

図14-11　前後の運動　　図14-12　ブリッジの運動

7　胴体の運動

（1）左右の運動

肩幅に足を広げ，姿勢を正したまま，からだをひねる（図14-13）。その際，かかとは地面にしっかりとつけ，後方を見ることができるくらいまで，胴体を回そう。左右ともに，行う。

図14-13　左右の運動　　図14-14　からだの回旋

（2）からだの回旋

姿勢を正した状態で両腕を伸ばし，からだを回旋させる。上体を回すイメージをもち，大きく回そう（図14-14）。特に，最初はゆっくりと回し，次第に，リズミカルに弾みをつけて行う。

● 演習課題

課題1：準備運動と整理運動の必要性や意義について，考えてみよう。

課題2：実際に，幼児の前に立って指導している状況を想定し，準備運動や整理運動の一連の流れを実践してみよう。

課題3：幼児に準備運動や整理運動を実践する際に，言葉や動作，音などで説明する方法としてよいものを考えてみよう。特に，幼児の月齢や，成長・発達に注意して考えてみよう。

第14章　準備運動と整理運動

コラム　幼児体育指導時の身だしなみ

●子どもたちの安全を守り，動きのわかりやすい見本を見せるモデルとなるために，安全で清潔感のある運動のできる服装で，指導にのぞみましょう。

長い髪は結わえる
運動時の邪魔になり，危険である。

ピアス，ネックレス，硬い髪留め等のアクセサリーは外す
ぶつかった時に自分のからだを傷つけたり，子どもに傷をつけてしまう恐れがある。気づかず外れたとき，子どもの誤飲につながる危険性もある。

フード付の服は着ない
フードが引っかかり，首を絞めたり，視界を妨げる危険性が考えられる。

伸縮性のあるTシャツやポロシャツとズボン，運動シューズを着用する

露出度の高い服は着ない
例として，キャミソール，タンクトップ，胸元の大きく空いたTシャツ，極端に丈の短いズボンや短パン等，肌を傷つけたり，汗で滑り，けがをしたりする恐れがある。指導中に胸が見えたり，下着が露出したりする等，指導を受ける側に不快感を与え，運動に集中できない環境をつくる。

サンダルやぞうり類は履かない
露出部分が多く，踏ん張りもきかないため，足の打撲，捻挫や爪をはがす等のつま先をけがする危険性が考えられる。

サイズが合っていない靴は避ける
歩行や走動作が悪くなる。紐をゆるめすぎていると，いざというときに踏ん張れず，けがが考えられる。

無精髭や髪の毛の寝癖などは清潔感を失う
指導を受ける子どもたちに不快感を与え，運動に集中できない環境を作ってしまう。

タオルや脱いだ上着などを，頭・首・腰に巻かない
汗を拭くのに必要なタオルだが，からだに巻くと，引っかかり，首を絞めたり，視界を妨げたりする危険が生じる。

前開きの服を着るときは，前を開けたままにしない
引っかかり，手や首を捻挫したり，視界を妨げる危険が考えられる。

腕時計は外す
子どもの顔の高さに位置すると，子どもの顔を傷つける可能性がある。
手首を固定してしまい，けがをする危険が考えられる。

からだに合った服のサイズを選択する
からだの大きさに合っていない服装とは，Tシャツの肩が合っていない，ズボンを腰で履いている（腰パン），ズボンの裾を引きずっている等，だらしなく見えるだけでなく，引っかかったり，踏んで滑ったりと，けがをする危険性が考えられる。

ポケットに物を入れない
ペンや小物類が足に刺さる危険が考えられる。携帯電話のように固い物が入っていると，子どもに打撲傷を負わせる危険性がある。

●指導者の身だしなみ上の不注意で，子どもたちの楽しい運動あそびの時間にけがをさせることのないようにしましょう。

●自身がけがをしたり，子どもにもけがをさせるようなことのないように，十分注意してください。

第15章 からだを使った体育あそび

　からだだけを使った運動として，友だちと力を合わせて行う仲間づくり運動，追う・逃げるという動きを基本にした鬼あそび，互いの体重を貸し借りしてできる体力づくり運動，近年，社会体育の場で人気を得ているキッズヨガによるポーズ体験がある。幼児期に必要とされる多様な動きの経験として，また身体調整力を向上させるうえで，きわめて有効である。道具や器具がなくても楽しい運動体験がもてることを，体験させたいものである。

　からだの様々な部位を十分に動かし活動意欲を満足させることは，幼児の自己肯定感を育み，からだを使ったあそびに意欲的に取り組むことに結びついていく。ここでは，幼児が仲間とともにからだを動かす楽しさを十分に味わうことができる仲間づくりや鬼あそびについて述べていく。

1 仲間づくりあそび

（1）仲間づくりあそびとは

　仲間づくりあそびは，幼児があそびの中で意欲をもって取り組み，仲間と工夫しながら，からだを動かす楽しさを味わうことができる。人とふれあいながら，力を合わせることや力を競い合うことで，自分の力をコントロールすることができるようになっていく。力を合わせることの喜びは，ひとりで行う達成感から仲間とともに行う達成感へと発展し，社会性が大いに育まれていく。子どもの育ちに応じた活動を意図的に子どもに投げかけ，子どもの育ちを助長することが大切である。

第15章　からだを使った体育あそび

図15-1　足の踏みっこ

（2）力をあわせる仲間づくり

1）2人組のムーブメントあそび

① **足の踏みっこ**：互いの足を踏み合う（図15-1）。
② **引っぱりっこ**：向かい合って手をつなぎ，互いに引っ張り合う。
③ **背中ずもう**：背中合わせになって，膝を伸ばして座り，互いに押し合ったり，引っ張ったりする。

図15-2　大根抜き

2）グループにおけるムーブメントあそび

① **お地蔵さん（3人）**：真ん中の子どもがお地蔵さんになり，両端の子どもがお地蔵さんを左右にゆらす。
② **大根抜き**：うつぶせに寝て，大根になった子どもは抜かれないように力を入れて踏ん張る。抜かれてしまったら，他の大根を抜きにいく（図15-2）。
③ **人間チェーン**：仰向けに寝て，手と足で長くつながる。早くできた方が勝ちになる。
④ **人間知恵の輪**：手をつないで円になり，手を離さずにからみ合う。他のグループは，知恵の輪になったグループを手を離さずに元に戻していく。
⑤ **人間椅子**：全員が円になり，同じ方向に向いたまま，一斉に後ろの子の膝の上に座る。

2　鬼あそび

（1）鬼あそびとは

「鬼あそび（鬼ごっこ）」は，代表的な伝承あそびとしてあげられる。

鬼あそびの基本動作は，追いかける役と逃げる役にわかれ，「追いかける」「逃げる」「つかまえる」を繰り返していく。特に，鬼あそびは，動植物の生き物や自然現象などを模倣し，様々な基本動作を集団あそびとして，年齢に応じて発展させることができる。

（2）鬼あそびの分類

鬼あそびは，次の4つの種類に分類できる。

① **ため鬼型**：鬼がつかまえた子をためる鬼あそび。
② **増やし鬼型**：鬼がつかまえた子を鬼の仲間に入れ，鬼を増やす鬼あそび。
③ **一人鬼型**：鬼がつかまえた子と役割を交代する鬼あそび。
④ **助け鬼型**：鬼は子をつかまえる役割やトリコ[*1]を守る役割，子はオトリになる役割やトリコを助けにいく役割などを選択できる鬼あそび。

*1 トリコ
　虜（生け捕りした敵，捕虜）。

（3）鬼あそびの留意点

1）運動面
① 全身を使って思い切り動き回ることができるよう，子どもの興味・関心や意欲に応じて導入していく。
② 運動が苦手な幼児には，あそびが苦痛にならないように鬼の数や追いかけ方・逃げ方の工夫をし，役割も交代できる場面を設けていく。
③ はじめから逃げ腰になったり，わざと早くつかまったりしないように積極的に参加できるよう応援していく。
④ 鬼になりたがる幼児には，逃げる楽しさも味わわせていくことが必要である。

2）社会面
① つかまった幼児は鬼の役割に速やかに交代し，気持ちよくあそびが展開できるよう，ルールを理解させていく。
② 消極的な幼児には，いっしょに逃げたり追いかけたりして，仲間といっしょに遊ぶ楽しさを体験させていく。
③ 乱暴な振る舞いにならないよう，場面に応じてルールを再確認しながら進めていく。
④ 鬼につかまらず最後まで残った幼児には，がんばったことを全員で称賛し，ルールをきちんと守れた幼児には，フェアプレーを認めて自信をもたせていく。

3）安全面
① あそびの活動場所は，参加人数や内容に適して安全に活動できるように，活動範囲を定めていく。
② あそびの活動場所では危険な物や箇所がないか等，事前に確認しておく。
③ 手足の爪が伸びていないか，衣服や髪を引っ張らない等，安全に関する

ルールを確認する。
　④　転んだり，ぶつからないように，逃げる幼児の準備が十分にできてから始める。

4）健康面
① 活動しやすい服装で行えるよう，衣服の調整をしていく。
② 汗をかきやすいので幼児の健康状態を把握し，水分補給なども配慮する。
③ タオルやアイマスク等で目かくしをする場合は，個別にして清潔なものを使用する。
④ 活動後には，手洗いやうがい等を自主的に行えるよう指導していく。

（4）鬼あそびの実際
①　**こおり鬼（氷鬼）**：子は鬼にタッチされるとその場で動けなくなる（氷る）。氷った子は，他の子にタッチされると復活する。子が全員氷ったら，鬼の勝ち。
②　**手つなぎ鬼**：鬼を最初2人選び，鬼は手をつないだままで追いかける。子はタッチされたら，すぐ鬼になり，鬼と手をつなぐ。手をつないでいないと，子にタッチすることができない。鬼が増えていき，全員鬼になったら終わる。
③　**子とろ子とろ（イモムシ鬼）**：子はイモムシのように一列につながり，一番前は親で一番最後が子になる。鬼は子（一番後ろの子）をタッチすれば勝ち。先頭の親は，鬼から子を守る。子がつかまったり，列が切れてしまったら，親が新しい鬼になり，鬼だった人は列の一番最後につき，子になる。

3　体力づくり運動

　近年，子どもたちの体力が低下しているといわれている。また，運動の好きな子どもと嫌いな子どもの二極化や，運動ができる子どもとできない子どもにおける，運動スキルの差も顕著となってきた。
　ここ数年においては，子どもたちの人とのかかわりも不十分であるといわれている。幼児期は，人間形成の基礎期にあたるため，心身ともに様々な刺激を受けることで，小学校以降の生活の基盤となる心とからだをつくることが必要である。仲間と協力し，からだを動かすことによって，人間関係の形成と体力

づくりをすることが重要であるといえる。

（1）仲間と力をあわせる体力づくり運動

1）組立て体操（2人V字バランス）

この運動は，2人の力を合わせてバランスをとる。手をつなぎ，2人の足の裏と足の裏を合わせてV字の姿勢になった後，数秒間（カウントダウン）静止する。

図15-3　組み立て体操

筋力や平衡性を高めると同時に，2人で協力したことによる「達成感」を味わうことができる。

2）背中合わせしゃがみ立ち

2人が背中を合わせて座り，相手に自分の体重をかけて，その押し合った力を利用して立ち上がる。それぞれが自分の力で立ち上がるのではなく，相手に力を

図15-4　背中合わせしゃがみ立ち-①

図15-5　背中合わせしゃがみ立ち-②

かけて自分の身をゆだねる。足の筋力や空間認知能力，平衡性を高め，2人で協力し合うことで一体感が生まれる。危険なことは，2人のうち，1人は相手に体重をかけ，もう1人が自分で立とうとすると，背中に覆いかぶさるようになり，転倒してしまうことが起こるため，危なくないように力の出し方を指導者が伝えることが必要である。

3）馬馬ジャンケン（馬跳びジャンケン）

ジャンケンをして，1人が馬になり，もう1人がその上（背中）に乗り移動する。全身の筋力強化と，空間認知能力，平衡性を高める。また，馬になった相手に一度に全部の体重をかけると崩れてしまう可能性があるため，相手を思いやる気持ちが大切である。

発展として，ジャンケンをした後に馬跳びをして，馬になった相手の脚をくぐってもよいだろう。より注意が必要となるため，指導者は幼児に危険であることを事前に伝え，けがにつながらないようにしよう。

4）足ジャンケン

ジャンケンのかけ声に合わせてジャンプして，足でジャンケンをする。慣れないうちは，着地をするときに「ぐー・ちょき・ぱー」の形をとる。慣れてきたら，高くジャンプをして，空中で「ぐー・ちょき・ぱー」の形をとってみよ

う。からだ全部を使ってジャンケンをするため、全身の筋力と、平衡性、敏捷性、空間認知能力を高めることができる。

5）ぞうきんリレー

ぞうきんがけをリレー形式で行う。手とからだを使って、うまくぞうきんを滑らせながら前に進む。チーム分けをしてリレーにすると、ゲーム性が高まり夢中になれると同時に、他の子を励ましたり、応援したりと、チーム内で一体感が生まれる。また、腕や体幹、足の筋力と、平衡性、敏捷性、柔軟性などを高めることができる。注意することは、下を向いて進むと、他の幼児にぶつかってしまうので、顔をあげて前に進むことと、前に体重をかけすぎると床に頭をぶつけてしまうので、指導者は、進むときの姿勢と体重のかけ方を伝えることが必要である。

4 キッズヨガ

（1）キッズヨガとは

キッズヨガは、呼吸を意識しながら、また、うたを歌い、声を出しながら、体操や様々なポーズを行い、体力、特に、調整力を高める身体活動のことを指す。指導者のポーズを観察し、誘導の言葉を聞きながら、からだの使い方を考えて表現する活動を含む。それらを繰り返し行うことにより、知覚運動回路が、より発達していく。

（2）キッズヨガを導入する理由

呼吸を意識しながら様々なポーズを展開することで、筋力や柔軟性が高まり、姿勢が整っていく。単純な姿勢から徐々に複雑な姿勢に取り組むことで、特に、協応性・平衡性・巧緻性といった調整力がついていく。さらに、複数でひとつのポーズを完成させる時や、ヨガの要素を含むゲームを行う時は、協力する大切さ、友だちとともに達成する喜び、互いの力加減、周囲を気遣う思いやり、ルールを守るといった社会的、精神的、情緒的側面の発達が期待される。

（3）幼児期におけるヨガのねらい

① からだの部位や方向など、様々な名前を知る。
② ヨガの楽しさや生活における有用性を実感する。

③　協力し，チームでの達成感を感じる。
④　あいさつ，身だしなみ，用具を大切にし，基本的な生活活動能力を身につける。

（4）指導のポイント

幼児期のヨガでは，手や脚の位置や伸ばし方，曲げ方などを重視して指導するよりも，気持ちよく伸びているか，楽しくからだを動かせているか，呼吸が止まって力んでいないか等に注意を向けるのがよい。

子どもたちの発育・発達の速度はそれぞれ異なるため，個人差を理解し，ポーズの負担が大きいと思われる子どもには，負担を軽減する姿勢をとるよう配慮する。

（5）ヨガポーズ

①　山のポーズ（まっすぐに立つ姿勢）：からだの中心を知る，正しい立ち方を知る（図15-6）。
②　小鳥（山のポーズのための練習ポーズ）：肩甲骨の可動域の拡大（図15-7）。平衡性の向上。
③　だいぶつのポーズ（脚を組み，床に座る姿勢）：正中線の維持，姿勢安定（図15-8）。

図15-6　山のポーズ

図15-7　小鳥

図15-8　だいぶつのポーズ

④　ヒーローのポーズ（両足を前後に広げ，両手を上に伸ばし，上体をそる姿勢）：大腿筋，背筋，大殿筋，大腰筋の強化（図15-9）。仙腸関節（骨盤にある関節）の可動域の増大。
⑤　石のポーズ（からだを伏せて，休息をとる姿勢）：股関節のストレッチ（図15-10）。リラクゼーション。
⑥　木のポーズ（木のように，片足でバランスをとる姿勢）：平衡性，腹筋・太腿部・殿部・体幹部の筋力強化，集中力を高める（図15-11）。

第15章　からだを使った体育あそび

図15-9　ヒーローのポーズ

図15-10　石のポーズ

図15-11　木のポーズ

図15-12　ねこのポーズ

図15-13　ヘビ・上向きの犬のポーズ

図15-14　こいぬのポーズ

図15-15　川のポーズ

図15-16　コウモリのポーズ

図15-17　ボートのポーズ

⑦　**ねこのポーズ**（両手両膝をつき，猫のように背中を丸める姿勢）：首，肩甲骨，背骨の柔軟性，腹筋強化，呼吸と動きの連動（図15-12）。

⑧　**ヘビ・上向きの犬のポーズ**（両手を床についてからだを反らす姿勢）：背中，大殿筋の筋力強化，背骨や肋間筋群の柔軟性向上（図15-13）。

⑨　**こいぬのポーズ**（両手足を床につけて，上半身が逆さになる姿勢）：腿，腹，背中の筋力強化，からだの背面全体，足裏，肩の柔軟性向上（図15-14）。

⑩　**川のポーズ**（長座で前屈する姿勢）：腿の筋力強化，背面の柔軟性向上，リラクゼーション効果（図15-15）。

⑪　**コウモリのポーズ**（両足を持ち上げ，バランスを保つ姿勢）：腹筋・体幹部の筋力強化，平衡性の育成（図15-16）。

⑫　**ボートのポーズ**（脚を上げ，バランスをとる姿勢）：腹筋・体幹部筋力の強化，平衡性・協応性の育成（図15-17）。

●演習課題

課題1：からだを使った2人組のムーブメントあそびを創作しよう。
課題2：からだを使ったグループのムーブメントあそびを創作しよう。
課題3：増やし型の鬼あそびを調べてみよう。
課題4：仲間と行う体力づくり運動の注意点をまとめよう。
課題5：ヨガの様々なポーズを調べて，実践してみよう。

コラム　保育者の運動あそび指導におけるポイント

●環境設定

　幼児が思わず運動あそびをやりたくなる環境設定が重要である。動きを引き出すのが環境であるから，そこに意図性をもたせることが必要となる。園庭やプレイルーム等に少し工夫をすることで幼児の動きが変わる。例えば，園庭の幼児の見えるところにボールが置いてあるかどうかであそびが変化するだろう。投動作を幼児にたくさん経験させたいと考えているのに，ボールがないとまず投げるあそびは行わない。ボールを用意して，以下のようなものを置き，保育者がまず遊ぶ。そうすると幼児がどんどん遊びに参加していくだろう。

　色々なところに的を設置し，ゲーム性をもたせることもできる。幼児が楽しく主体的に，ねらいとした動きを経験できるかという意図的な環境設定が大切である。

●フィードバック

　小・中・高の学校における体育授業では，よい授業には教師の言葉がけ，特に肯定的なフィードバックが欠かせない。授業がうまい教師ほど，肯定的フィードバックが多いことも特徴である。これは学校体育に限ったことではなく，幼児期にとっても同様であり，保育者のフィードバックにおいて，以下の3点が重要であろう。

① 子ども一人ひとりの進歩や努力を認めること。
② できる・できない等の結果や出来栄えの評価を強調しないこと。
③ 子ども自身の自己選択・決定を尊重し，支援していく姿勢をもつこと。

●いっしょに遊ぶ！

　保育者といっしょに遊ぶことで幼児の動きにバリエーションをつけることができる。また意図的な指導も行いやすく，幼児それぞれに必要な支援や課題も把握できるだろう。特に，ルールのあるあそびに継続して取り組んでいくときに，保育者の役割はとても重要である。いっしょに遊ぶ中で，最初は保育者主導であることを幼児に気づかせないように，あそびを発展させていくことが必要だからである。また，あそびが定着してきたなら，徐々に幼児に主導権を移譲させていくことを大切にしてほしい。

実践編

第16章 用具を使った体育あそび

> ボールやフープ，縄などの用品や用具，また，身近にあるもの（タオル）や廃材（新聞紙，レジ袋，ペットボトル）を利用した楽しい運動が展開できることを，幼児にしっかり味わわせておきたい。身近にあるものや廃材が，すばらしい運動遊具に変身して，子どもたちの体力づくりや仲間づくりに大きく寄与してくれる。ちょっとの工夫で，操作系の能力も大いに高まっていく。後々の球技スポーツに役立つ基礎力がしっかり育まれていく。

　用具を使ったあそびは，幼児期に身につけるべき操作系・平衡系・移動系・非移動系の基本動作スキルの向上やバランスのとれた体力育成を図る上で，効果的なあそびであるといえよう。また，自分のからだをコントロールする内容が多く含まれているため，安全能力を養う上でも，日常生活の中にとり入れていきたいあそびのひとつである。さらに，技術的な面からも，できたときは満足感や達成感による感動体験を得ることができ，心の成長にもつながっていく。

　しかし，技術の習得に終始してしまうと，幼児にとっては強制されている気持ちが先行し，あそびではなくなる。「できた」「できない」ではなく，その用具を工夫して使用し，どのくらい楽しくからだを動かし，遊べたかが重要である。

　そのためには，あそびの道具として開発された用具も効果的であるが，ここでは，身近にあるもの（ボール・フープ・縄・タオル，新聞紙，レジ袋，ペットボトル，風船など）を活用し，楽しく遊ぶことができる運動あそびを紹介する。

1 ボールあそび

　ボールコントロール能力は，あらゆる運動に共通するものがあり，投げる，受ける，転がす，ける，ドリブルをする，足でリフティングをする等の運動技

第16章　用具を使った体育あそび

能の向上に役立つ。ボールの特性を生かしたあそびを多く経験することにより，操作系や移動系を主とした基本運動スキルの向上を図ることができる。慣れてくると，集団活動によるボールゲームも楽しむことができる。

〔指導計画時における注意事項〕

① 幼児にとって，手首のスナップを利かせてボールを操作することは難しい。はじめは，力加減がわからず，予想外のところにボールが飛んでいくため，追いかけて行くときに，子ども同士で衝突することがある。そのため，スペースを十分にとって行うことが大切である。また，当たっても痛くない柔らかいボールや丸めたタオル，また，身近にあるビニール袋を使用し，投げることや受けることに興味をもたせるあそびを展開することは効果的である。

② ボールに慣れるため，新聞紙やビニール袋を使ってキャッチする楽しさを覚えさせる。

③ ボールの汚れや破損など，状態を確認しておく。

〔プログラム実践における留意事項〕

① ボールの弾み具合を調整する。低年齢児や扱いに慣れていない子どもに対しては，弾みすぎないように少し空気を抜いておくことも必要である。

② 幼児は，ボールを手渡すとすぐにあそびを始めてしまう。安全配慮や社会性を育むため，皆で遊ぶときは，全員が揃うまで待っていることを伝えてから渡すようにする。

図16-1　ボールキャッチ
ボールを投げ上げて，落ちてくるまで，手を叩く。

図16-2　ボールまわし
ボールを足や腰，頭のまわりに転がして一周させる。

図16-3　ボールつき
膝や腰でリズミカルに調子を取りながら，両手または片手でボールをつく。

図16-4　キャッチボール
2人で1組になり，ボールを投げたり，取ったりする。

2　フープあそび

フープは，軽くて扱いやすい用具で，転がす，回す，くぐる，跳ぶ等，いろいろなあそび方ができる。大きさは，直径約15cm程度のものから，1m以上あるものまで，様々である。また，製法も釘で止めてあるものや，はめ込み式のものがある。フープの特性を活用し，様々なあそびに挑戦しながら，幼児期

3 縄あそび

に身につけたい，操作系や移動系の運動スキルが楽しく体験できるように計画することが望まれる。

〔指導計画時における注意事項〕

① フープは足で踏むと滑り，幼児はバランスを崩して転ぶ心配がある。そのため，使用しない時は，まとめて幼児が触れない場所に置くようにする。

〔プログラムの実践における留意事項〕

① つなぎ目に釘が打ってあるフープは，釘がゆるんでいたり，抜け落ちていたりすることがあるので，毎回確認してから使用する。

② はめ込み式のフープは，外れることがあるので注意して使用する。

図16-5　フープとび
フープを，短縄のように持ち，前に回して跳ぶ。

図16-6　フープゴマ
フープを，コマのように回す。

図16-7　フープころがし
フープを，ころがしながら前に進む。

図16-8　移動あそび
床に置いたフープを，片足または両足で，移動する。

3　縄あそび

　縄は，古くから生活の中で使われていた用具であり，「縄とび」としても様々なあそび方がある。短縄あそびや長縄あそびの他にも，綱引きのように，太い縄を使ったあそびもある。あそびの多くは，伝承あそびとして古くからあるものなので，今後も文化の継承として伝えていきたいものである。

　長縄は，2人で同方向に回し，中にいる幼児は回ってくる縄を跳び，ジャンプをするタイミングを覚えることができる。短縄は，縄の一定のリズムを読んでから，からだを動かす必要があり，他の用具を使ったあそびと比較すると難易度は高くなる。したがって，回すあそびに入る前に，短縄を一直線にして地面に置き，前後ジャンプやジグザグ前進といった導入あそびから行うと効果がある。また，片手で半分にした縄を前に回すことで，前回し跳びの腕の動きを覚えることができる。子ども一人ひとりにあった課題を設定し，無理なく楽しく進めていきたいものである。慣れてくると，自分で縄を回し，「動いている縄を見て，タイミングよく跳ぶ」，「歩きながら縄を回し，片足ずつとび越す」，「両足を揃えて前進する」，「足を揃えたまま，その場で跳ぶ」等，縄を跳ぶた

第16章　用具を使った体育あそび

図16-9　バランス歩き
伸ばした縄の上を，両手を伸ばしてバランスを取り，前に進む。

図16-10　前後ジャンプ
伸ばした縄を前後に跳ぶ。

図16-11　ジグザグジャンプ
伸ばした縄をジグザグにジャンプして，前に移動する。

図16-12　前まわし跳び
縄を両手で持ち，後ろから前に回して跳ぶ。

めに手と足の基本動作を覚えていくことが大切である。縄あそびは，操作系・移動系の運動スキルが多くみられるが，導入あそびで，縄の上を歩いて渡っての平衡系，縄を引き合っての非移動系の動き等を取り入れていきたいものである。縄運動は，難しい反面，跳べたときの達成感や充実感，爽快感を味わうことができ，心の成長にもつながる。

〔指導計画時における注意事項〕

① 短縄あそびは，回ってきた縄を跳び越すタイミングが大事で，脚力だけでなく，バランス力やリズム感も必要となる。短縄が幼児にとって難しいのは，ジャンプと縄を回すという2つの動作を，タイミングよく同時に行わなければいけないためである。このような，運動の構造が少し複雑な動きは，分割して練習すると，早くコツがつかめる。

② ジャンプの練習，上手に短縄を跳び越す練習，縄を回す練習をわけて行う。短縄とびの一番のポイントは，手首の使い方で，繰り返し練習すると，次第にスムーズに短縄を回せるようになる。

〔プログラム実践における留意事項〕

① 短縄の長さは，両足で縄を踏んで，縄がたるまないようにした状態で，肘が90度位になる程度がよいといわれているが，幼児は腕を大きく回して縄を跳ぶため，少し長めに設定した方がやりやすい。上手に短縄を回せるようになってきてから，短くしていくことが望ましい。ただ，あまりにも長すぎると跳びにくいため，様子をみて，指導者が調整をしてあげることが必要であろう。

4　タオルあそび

〔特　徴〕

① 身近で，手に入りやすい。

② 日頃から慣れ親しんでいる。
③ 軽い。
④ いろいろな形に変化させられる。

〔あそびの実際〕

① 頭の上にのせて歩く・走る（図16-13・図16-14）。
② ひっぱって遊ぶ（図16-15）。
③ 結んでボールにする（図16-16）。
④ ぞうきんがけ（図16-17）。
⑤ 四つん這いになった手足にタオルを敷いて動く（図16-18）。

図16-13　頭にのせて歩く

図16-14　頭にのせて走る

図16-15　ひっぱって遊ぶ

図16-16　結んでボールに

図16-17　ぞうきんがけ

図16-18　四つん這い

5　新聞紙あそび

〔特　徴〕

① 日頃から慣れ親しんでいる。
② 手に入りやすい素材。
③ 軽い。
④ 形を変えやすい。

〔あそびの実際〕

① 丸めてテープでとめてボールを作る（図16-19）。

第16章　用具を使った体育あそび

② 大きなビニール袋に丸めた新聞紙を入れて大きなボールを作る（図16-20）。
③ フープに貼ってやぶる（図16-21）。
④ 籠（かご）を吊るして丸めた新聞紙を入れる（図16-22）。
⑤ ロープ（またはひも）に設置したものを動かす（図16-23）。
⑥ 丸めた新聞紙ボールを投げて新聞紙の上に乗せる（図16-24）。
⑦ 新聞紙で作った凧をもって走る（図16-25・図16-26）。

図16-19　ボール

図16-20　大きなボール

図16-21　フープに貼ってやぶる

図16-22　籠入れ

図16-23　モノレール

図16-24　新聞紙乗せ

図16-25　凧あげ

図16-26　凧の材料

6 レジ袋あそび

〔特　徴〕
① 身近で，手に入りやすい。
② いろいろな大きさがある。
③ 軽い。
④ 中に入れたものによって変形する。
⑤ 表面がツルツルしている。
⑥ 中味が見えない（半透明であれば中身がうっすらと見える）。

〔あそびの実際〕
① 持ち手をしばってつく（図16-27）。
② 落ち葉やちぎった新聞紙を入れていろいろな高さに吊るしたものにジャンプして触る（図16-28）。
③ 落ち葉やちぎった新聞紙を入れたボールにひもをつけてひっぱる（図16-29）。
④ 持ち手にひもをつけて凧あげ（図16-30）。

図16-27　つく

図16-28　ジャンプ

図16-29　ひもをつけて

図16-30　凧あげ

第16章　用具を使った体育あそび

7　ペットボトルあそび

〔特　徴〕
① いろいろな大きさがある。
② 組み合わせて遊ぶことができる。
③ 身近で，手に入りやすい。

〔あそびの実際〕
① 並べて倒さないように歩く・走る（図16-31）。
② ボーリング（図16-32）。
③ 中に水を入れていろいろな重さのペットボトルを作り，違う場所に並べ直す（図16-33）。
④ 中にどんぐりの実や小石を入れて鳴らしながら踊る（図16-34）。

図16-31　倒さないように

図16-32　ボーリング

図16-33　重さの違うペットボトル並べ

図16-34　楽器にする

8　風船あそび

〔あそびの実際1：手でつく〕

身につくスキルや能力：操作系運動スキル，協応性。
① **レベル1**：風船を片手ずつ，お手玉の要領で，つく（図16-35）。
② **レベル2**：天井に風船を両手で投げて，拍手をしてキャッチする（図16-36）。

③ **レベル3**：天井に風船を両手で投げて,その場でからだを一回転させて,キャッチする（図16-37）。

図16-35　レベル1　　　図16-36　レベル2　　　図16-37　レベル3

〔あそびの実際2：運ぶ〕

身につくスキルや能力：操作系運動スキル,移動系運動スキル,巧緻性,リズム感,腹筋力,背筋力,肩まわりの筋力強化。

① 体操すわりをし,お腹と太ももの間に風船を置いて,落とさないように前方にゆっくり運ぶ（図16-38）。お尻を床から離しておく。

気をつけること：風や空調で,風船が飛びやすい場合もあるので,その場合は少し重さのあるボールで代用をする。

図16-38　風船を運ぶ

〔あそびの実際3：飛ばす〕

身につくスキルや能力：操作系運動スキル,腹筋力,肺活量。

① 風船を床に置き,息を吐く力で,風船をゴールを目指して飛ばす。

気をつけること：スタートからゴールまでは1mくらいがよい。

〔あそびの実際4：運ぶ〕

身につくスキルや能力：移動系運動スキル,操作系運動スキル,脚筋力。

① 4人で並んで仰向けになり,膝を立てた状態で肩でブリッジを作る。1人が風船を持ち,4人のブリッジをくぐりながらゴールを目指す。

② ブリッジをすることで,脚筋が収縮され,鍛えられるので,かけっこの訓練にもつながる。

気をつけること：年齢によっては,風船を膝下にくぐらせるのが難しい場合も生じるので,テニスボール大のボールや人形などで代用してもよい。

第16章 用具を使った体育あそび

●演習課題

課題1：ボール・フープ・縄を使ったあそびにどのような活動があるのかを調べてみよう。

課題2：身近にあるものを使った運動あそびを考えてみよう。

課題3：身近にあるものを使った運動あそびを安全に行うための留意点をまとめよう。

課題4：事例紹介以外で，身近にあるものを使った運動あそびを考えてみよう。

第17章 移動遊具を使った体育あそび

実践編

　かつては，枯草やレンゲソウの上で転げ回り，岩を跳び越し，倒れた丸太や岩の上を渡り，自然で得られていた楽しい体験が，移動遊具を使うことによって，園庭や室内でも体験できる。楽しいからだ動かしのあそびを経験してもらいたい。マット，跳び箱，平均台という移動可能な運動遊具を使って，今日，経験が不足してきた回転感覚，逆さ感覚，スピード感覚，バランス感覚を体験し，からだの操作能力を自然な形で高めていく。

　移動遊具を使って，それら遊具の特性を理解し，幼児のからだに「やさしく」多様な運動スキルの獲得を目指す。幼児期は神経系の発達が著しい時期であり，日常の生活で体験することが少なくなった支持感覚や回転感覚，逆さ感覚やいろいろな姿勢変化を体験し，自分のからだを操り，空間とのあり方などの理解を深め，幼児自ら「創造・挑戦・発展」させることができる能力の獲得を目指すものである。

1 マットあそび

　マットあそびでは，支える・逆さ・回転といった基本的な運動を経験することによって，自分のからだを操る楽しさを実感するとともに，興味・関心をもって継続することが大切である。したがって，指導のポイントとして，幼児が理解しやすい伝え方を心がけ，幼児自身が楽しみながら繰り返し「できそうだ」「できた」等，心を動かすことが大切である。

（1）ゆりかご －ゆりかごから立ち上がる－

　体育すわり（三角すわり）から背中を丸めたまま後方へ転がり，反動を利用して体育すわりへ戻る。前後へゆれる動きを理解することは，その発展系である回転や逆さ感覚の獲得へとつながることであり，とても大切である。ゆりか

図17-1　ゆりかご①

図17-2　ゆりかご②

図17-3　立位姿勢

ごに慣れてきたら体育すわりで止まるのではなく，そのまま立ち上がり立位姿勢になる（図17-1～図17-3）。立位姿勢になるには，上へ立ち上がるイメージよりも，頭を足よりも前へ出すイメージが大切である。頭が前へ出ることによって，足（接点）の上に重心が重なり上への運動（立ち上がる）がかなうのである[*1]。

[*1] 幼児は，頭が大きく重心が高いため，スムーズに立ち上がりづらい傾向がある。まずは楽しくゆりかごを繰り返すことが大切である。

（2）前転　－前まわり－

前転（前まわり）は「手→頭→背中→腰→足→立つ」という一連の動作を前方へ回転しながら行うが，頭の上を尻が乗り越えていく感覚が大切である。小さく・丸くなることばかりを意識せず，「前方へ」回転することが大切である。マットを横に使うと，一度に複数名が実施できるので待ち時間が短縮できる。

〔方　法〕
① 立位姿勢から膝を曲げて，手を肩幅くらいにつく。手の指は前を向け，目線はマットを見る（図17-4）。
② 尻を上げる（タマゴを立てたイメージ，図17-5）。③ 同時に，目線をマットから足元へと移動する。さらに尻を上げると同時に，目線をお腹の方へ

図17-4　前まわり①

図17-5　前まわり②

図17-6　前まわり③

図17-7　前まわり④

図17-8　前まわり⑤

図17-9　前まわり⑥

巻き込む（図17-6）。
④ 立てたタマゴが転がるように，自然と前転になる（図17-7）。
⑤ 頭（後頭部）→背中→腰，と順についたら，足を尻に引き寄せる。
⑥ 手・頭を前に出すように立つ。（図17-8・図17-9）

（3）マット跳び越し －側転への導入－

マットの横に位置して，マットに手を着く（図17-10，図17-13）。両足で踏み切り（図17-11，図17-14），マットを跳び越す（図17-12，図17-15）。マットを跳び越すときに，マットに着いた手（接点）の上を身体全体（重心）が乗り越えることが大切である。また，「支える・押す」ということは，手首と肩の関係を理解しなければいけない。手首と肩の間には肘関節があるので，手首・肘・肩が一直線に並んで成立するのである。したがって，運動の方向に則して手首よりも肩が進行方法へ位置していなければならない[*2]。

*2 慣れてきたら，前足を大きく放り出すことによって，側転へと発展していく。

図17-10 手を着く

図17-11 両足で踏み切る

図17-12 跳び越す

図17-13 手を着く

図17-14 両足で踏み切る

図17-15 跳び越す

2 跳び箱あそび

（1）カエル跳び越し －マットを横に使う－

跳び箱運動をする前に，マットでカエル跳び越しを体験させる。幼児にとって跳び箱は大きな障害物であり，一度の大きな失敗で「痛い・こわい」体験をしてしまうと，その後の跳び箱運動ができなくなる。跳び箱という障害物を使

第17章 移動遊具を使った体育あそび

わずに，マットを使って，跳び箱運動で求められる「腕支持から前方への移動感覚」，すなわち，マットについた手の上を，頭と肩が乗り越えていく感覚を獲得することはとても大切である。

〔方法〕

① 正しいカエルの姿勢として，手の指は前を向き，膝は外へ曲がり，尻は下，目線は前を見る（図17-16）。

② 手を反対側のマットの縁に掛ける（図17-17）。

③ マットに手をついたまま，頭（ひたい）をマットの前へ突き出すように跳び越す（図17-17・図17-18）*3。

*3 手と足が遠く，跳び越す幅が大きくなるほど姿勢が前傾し，難易度が高くなる。レベルに合わせてカエルの姿勢（あまり前傾しない）を保つように，手と足を近づけ跳び越すとよい。

図17-16 目線は前を見る

図17-17 手を縁に掛ける

図17-18 跳び越す

〔ポイント〕

① 前へ踏み切ると同時に，頭を前へ出すように手を押す（図17-18）*4。

② マットの縁に手を掛けないでやると，自分の腕に体が乗ってしまい，腕を痛めることがある。

③ マットを跳び越すときに，目線が中（お腹の方）へ入ると背中が丸まりお尻も高くなってしまうので，前転のように転がりやすく危険である（図17-19・図17-20）。

④ 目線を上げて前を見ると，背筋が伸びて安定する（図17-21）。

*4 頭が前へ出れば接点である手の上を重心が乗り越えたことになる。

図17-19 危険な姿勢（横から）

図17-20 危険な姿勢（上から）

図17-21 よい姿勢

（2）跳び箱を使っての跳び越し

跳び箱を横に置き，マットで実施したカエル跳び越しを，そのまま跳び箱に置き換えて実施する。恐怖感を抱いている幼児には無理に跳び越させるので

なく，跳び箱の上にカエルの姿勢で乗ることから始める。また，手をかざして跳び出す方向を具体的に示すのも有効である（図17-22～図17-24）。跳び箱を使うと，とたんに膝を伸ばさなければならないと思うようだが，目線に注意が必要である。膝を伸ばすことによって，目線が下がりやすく，落下の危険性が高くなる。膝にこだわらず，まずは，跳び越せることが大切である。安心して跳び越せる自分がいれば，「膝を伸ばそう」という言葉がけにも容易に対応できる。慣れてきたら，目線を引き上げながら腕で突き放し，高い姿勢で着地する（図17-27）。

図17-22　補助者と①

図17-23　補助者と②

図17-24　補助者と③

図17-25　一人で①

図17-26　一人で②

図17-27　一人で③

3　平均台あそび

（1）平均台運動

　平均台の上を歩いてバランス（平衡性）力を高める。バランス力を高めることは，運動の場面ではもちろんのこと，日常生活の様々な場面でも，自分のからだの安定を保ち，安全の面からも大切である。幼児は，幼児体型で重心が高いため不安定になる傾向がある。広く平らな床から平均台に乗ると，その高さと細さから不安定になり，恐怖心から歩くことができない幼児がいる。このようなときは，補助者が手を添えることで，幼児が安心して平均台を渡ることができる。また，平均台を二本並べて幅を広くすることによって，幼児は安心して渡ることができる。誰もが育ちの過程で繰り返し行い，歩く動作を獲得して

きたように、平均台も繰り返し体験することによって、高さと細さに慣れてスムーズに歩けるようになる。慣れてきたら、立って・しゃがんで・四肢（両手両足）を使って・這って等、姿勢変化を伴う内容を加えることによって、より一層高いバランス（平衡性）力を獲得することができる。

なお、平均台は木製であることが多いため、土台にぐらつきがないか、表面がささくれ立っていないか等、事前の安全点検が大切である。

（2）平均台の上を歩こう

立った姿勢で行う基本（前後左右・高低差）のものとして、カニ歩き（図17-28）、前歩き（追歩含む、図17-29）、後ろ歩き（図17-30）、平行歩き（図17-31）、障害物越え（図17-32）、坂道（図17-33）、平均台渡り（図17-34）を実施する。「カニ歩き」は、平均台の上に立ち、足を平均台から離すことなく横へスライドさせて進むことができるので、取り組みやすい。「前歩き」で、左右の足を交互に前へ出して歩くのが不安な場合は、前後の足をそのまま前へスライドさせて進む（追歩）ことから始める。他の種目も偏ることなく、実施することが大切である。

図17-28　カニ歩き

図17-29　前歩き

図17-30　後ろ歩き

図17-31　平行歩き

図17-32　障害物越え

図17-33　坂道

図17-34　平均台渡り

〔ポイント〕

① 平均台は幼児の性格や経験の有無が大きく影響する。したがって、無理にやらせるのではなく、低い台・幅を広くする・安全地帯を設ける等、取り組みやすい環境を設定することが大切である。

② 慣れてきたら、同じ種目でも幼児のレベルに応じて、平均台の高さや

3　平均台あそび

幅，障害物を大きくする等，挑戦と克服ができるように設定を変えることも大切である。

（3）四肢を使って

四肢を使う，クマさん歩き（図17-35），横渡り（図17-36），うつ伏せ渡り（図17-37），四肢での平均台渡り（図17-38），を実施する。四肢を使うことによって，自分の手足を平均台に合わせ，自分がどのような姿勢になっているかを知る（身体認識力）ことに加え，空間の中での姿勢変化，上下・左右・前後などを理解し巧みに動けるようになる能力（空間認知力）を獲得することができる。

図17-35　クマさん歩き

図17-36　横渡り

図17-37　うつ伏せ渡り

図17-38　四肢での平均台渡り

〔ポイント〕
① 幼児のレベルに応じてクマさん歩きをハイハイにしたり，平均台を坂道にして登ったりしたり，アレンジすることも大切である。

（4）ゲーム的なもの　－島鬼ごっこ－

図17-39　島鬼ごっこ

平均台を島に見立てて鬼ごっこを実施する。平均台と床を鬼につかまらないように行ったり来たり，静と動を組み合わせることにより，より一層，高いバランス（平衡性）力を獲得することができる（図17-39）。

4 保育実践の紹介

　移動遊具とは，固定遊具のように園庭に固定設置された遊具とは違い，置き方次第でいろいろな環境をつくることができる移動可能な可動式遊具のことをいう。幼児期に身につけさせたい基本の動きのうち，特に用意された環境に応じて動く能力を引き出すことに役立つ。器械体操で用いられる平均台，マット，跳び箱などの遊具が代表的な移動遊具であるが，幼児期にふさわしい活動になるよう，遊具に親しむことからはじめ，あそびの中で運動的な能力が育まれるように設営していく必要がある。

（1）平均台あそび

　平均台あそびでは，平衡性や巧緻性，集中力などが養われる。平地ではなく，高くて狭いスペースでの動作で，高さや幅に慣れたり，バランスを保ちながら渡る楽しさを味わうことができる。

表17-1　平均台あそびの種類

平均台渡り	① 両腕を伸ばし，バランスをとる。 ② 両足を交互に出して前歩きをする。 ③ 平均台と垂直方向に向き，横歩きをする。
平均台とびこしくぐり （図17-40）	① 両足とびで，平均台をとび越す。 ② 平均台をくぐる。 ③ ①と②の動作を連続して繰り返す。
ジャンケンゲーム （図17-41）	① チームにわかれて両側から渡っていく。 ② 出会ったところで，ジャンケンをする。 ③ 勝てばそのまま進み，負ければ自分の陣地にもどる。

図17-40　とびこしくぐり

図17-41　ジャンケンゲーム

(2) マットあそび

マットあそびでは，巧緻性や柔軟性，平衡性などが養われる。回転運動の他にも，安全のための補助具として用いられ，他の遊具と組み合わせての多様な運動あそびに利用できる。

表17-2 マットあそびの種類

いも虫ゴロゴロ	① マットと垂直方向に寝転ぶ。 ② 両手を伸ばし，頭の上で合わせて，横に転がる。 ③ 右ころがり，左ころがり，どちらとも行う。
クモ歩き (図17-42)	① 座った状態から尻を浮かせて，手と足でからだを支える。 ② 手と足を交互に動かし，前進や後進をする。 ③ クモ歩きで，一定の距離を競争をする。
ブリッジ	① マットに仰向けに寝転ぶ。 ② 両手は耳の横，両足は尻の横で，からだに手足を近づける。 ③ 尻を上げ，頭をマットから離し，からだをアーチ状にする。 ④ ブリッジで手と足を交互に動かし，前進や後進をする。
カエルの足たたき (図17-43)	① マットに両手をつける。 ② 尻を上げ，足の裏を合わせる。 ③ 足の裏を合わせ，たたく回数を競う。
だるま腹筋 (図17-44)	① 三角座りをし，両手を足の前で組み，からだを小さく丸める。 ② 前後にからだを揺すり，振り子運動をする。 ③ 両手を前に伸ばし，起き上がる。

図17-42 クモ歩き　　図17-43 カエルの足たたき　　図17-44 だるま腹筋

第17章　移動遊具を使った体育あそび

（3）跳び箱あそび

跳び箱あそびでは，筋力や巧緻性，瞬発力を養うことができ，集中力の向上も図ることもできる。発達年齢や活動に合わせて，高さや向きも調節でき，多様な活動に利用できる。

表17-3　跳び箱あそびの種類

山のぼり （図17-45）	① 跳び箱にマットをかぶせる。 ② 手で登って，頂上（跳び箱の上）に立つ。 ③ 両足でジャンプし，着地する。
横跳び	① 進行方向と垂直に両手をつく。 ② からだをねじって，両ひざを曲げ，両足をそろえて跳び越す。
開脚跳び （図17-46）	① 助走して，両足で踏み切る。 ② 両手を跳び箱の前方につき，跳び箱をたたく。 ③ 両足を開いて跳び越し，着地する。
台上前転 （図17-47）	① 跳び箱の手前に手をつく。 ② へそを見て，後頭部がつくように意識させる。 ③ 尻を上げて，台上で前転をする。

図17-45　山のぼり　　図17-46　開脚跳び　　図17-47　台上前転

● 演習課題

課題1：前転（前まわり）で、「小さく・丸くなる」イメージと「タマゴを立てる」イメージでは、どちらが転がりやすいか，その理由を含めて考えてみよう。

課題2：手をついてから跳び箱を跳び越すために、大切にしなければいけない感覚はなんだろうか。

課題3：細く高い平均台へ乗ることに不安定さと恐怖心を感じ、歩くことができない幼児がいる場合，工夫する点を考えてみよう。

第18章 固定遊具を使った体育あそび

> 固定された遊具で，ぶら下がったり，上り下りをしたり，くぐったり，渡ったりと，利用するだけで多様な動作スキルを経験しながら，基礎体力がついてくる。低年齢で知的にもまだ未発達な幼児には，通るだけで，からだを動かさざるを得ない状態をつくることが可能なため，自然と体力がついてくる利点がある。ただし，安全な使い方をしっかり教えていく必要がある。

園庭や公園に整備して設置された遊具で，ぶらんこ，すべり台，ジャングルジム，うんてい，クライングウォール，総合遊具などがあり，これらはからだ全体を動かす運動的活動の道具として用いられる。かつて，幼稚園設置基準では施設および設備に砂場，すべり台，ぶらんこを備えなければならなかったが，各幼稚園での選択が画一的になりがちになることや，近年，様々な運動スキルが獲得されるよう工夫されている安全な総合型遊具も多種開発されており，設置者の創意工夫の下に，幼児の教育の場にふさわしい豊かな環境が形成されるよう独自な遊具の設置が望ましいとされている（表18-1）。

表18-1　幼稚園施設整備指針

1	固定遊具は，自然の樹木や地形の起伏などを遊具として活用することも考慮しつつ，幼児数や幼児期の発達段階，必要性，安全性，耐久性，利用頻度，衛生面等を十分勘案して，その数，種類，規模，設置位置などを計画することが重要である。
2	固定遊具，可動遊具ともに定期的に安全点検を行い，破損箇所の補修を行うなど，日常的な維持管理を行うことが重要である。とりわけ，揺れ，回転，滑降などを伴う遊具の設置については，安全性確保の観点から慎重に対処することが望ましい。
3	固定遊具の支柱の基礎部分および遊具の周りは，幼児の安全に配慮した仕上げ，構造などとすることが重要である。
4	幼児の興味やあそびの変化などに応じて，遊具を再配置できるように，可動遊具や組立遊具を安全性に留意して導入することも有効である。

出典）文部科学省：幼稚園施設整備指針，2002.

第18章　固定遊具を使った体育あそび

　固定遊具には安全に使用するための約束や，みんなで遊ぶために順番を守る，マナーやコミュニケーションをとりながら楽しむ等，社会性や倫理観を培うことができるとされ，冒険心や挑戦する心など精神的な発達を促す効果もあるといわれる。

1　鉄　棒

　2本（または2組）の支柱の間に1本の水平な鉄棒が渡してあり，この水平な鉄棒を握って，ぶら下がる，逆さになる，体支持をする，回転する等の運動を行う（図18-1）。鉄棒をしっかり握ることから始め，握力をつけていくことで安全に運動を行うことができるようになる。筋力や体支持力，逆さ感覚や回転感覚を身につけることができる。

〔あそび方〕

　握り方には順手・逆手・片逆手があり，基本として，しっかり動作ができるように説明しておくことが大切である（図18-2）。

① **つばめポーズ　10秒**：水平な鉄棒の上で腕をしっかり伸ばし，からだを少し前傾させて足先まで伸ばしからだを支持する。腕支持感覚，筋力，体幹の力を鍛えることができる。

② **ふとんほし　10秒**：からだを二つ折りにし，腰の位置（鼠蹊部）で鉄棒をはさむようにぶらさがる。力を抜き支点（腰）でからだを支えることでバランスをとる感覚が育つ。

③ **だんごむし　10秒**：鉄棒に，腕を縮めて足をまげて地面から離し，からだを丸めぶら下がる。10秒間耐えられるようになれば逆上がりに必要な基礎感覚が身についてくる。このポーズにより腕の筋力をつけることができる。幼児にも「10秒できたら逆上がりができるよ」と伝えると，やりたいという意欲を育てることができる。

④ **豚の丸焼き**：両手両足で鉄棒にしがみつきぶら下がる。からだ全体を左

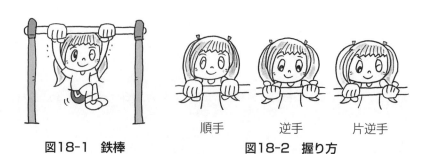

図18-1　鉄棒　　　　　図18-2　握り方

右に振れるようにするとよい。
⑤ **足抜き回りとしり抜き回り**：鉄棒にぶら下がった状態から足をあげ両手の間から後ろに回す。回り終わった姿勢からおしりを両手の間から回し元の姿勢に戻る。逆さ感覚と回転感覚の両方を鍛えることができる。

2 ジャングルジム

　金属パイプで立方的に枠を組み合わせた形の遊具。現在では，木製やロープで同様の機能を備えたものも使われている。枠を登り降りする，枠の間をくぐり抜ける，横に移動する，手を使うだけでなく足を乗せる等，巧緻性やからだの柔軟性，全身の協応性や調整力，身体認識力，空間認知力などが育つ。
　運動発達とは，からだを動かす機能の発達のことである。

〔あそび方〕
① **真上登り**：ジャングルジムをはしごに見立てて登り降りする。初めは低い高さで行う。
② **渡り歩き**：左右に横移動する。はじめは，足を先に動かしてから手を移動する。次に，手と足を同時に移動させながら横移動する。
③ ジャングルジムの外側1段目に足を置き，渡り歩きで外側を周回する。右回り左回りができるようになったら，右回りと左回りをヨーイドンではじめ，出会ったところでじゃんけんをする。勝てばそのまま続けて回り，負けたらジャングルジムを降りて元のところに戻る。
③ ジャングルジムの内側を使ってコーナーあそびをする。ジャングルジムの入り口を玄関に見立て，中に入っておうちごっこをする。

3 すべり台

　遊具としてのすべり台ははしごや階段などを使って高所に登り，そこからすべり面をすべり降りることを楽しむものである（図18-3）。
　高低の感覚（空間認知），スピード感覚やスピードをコントロールする能力が養われ，すべり降りる速さに対するスリルを感じることができる。非常時には，避難器具のひとつとして高低差のある場所を迅速かつ円滑に避難させるために用いられる。

〔あそび方〕
① 座って（長座）すべり降りる。
② 腹這い（伏臥）で頭からすべり降りる。逆さ感覚を養う。

③ すべり面の側面を持ち，腕を使って下から上によじ登る。すべることに逆らって移動することで筋力やバランス感覚が身につく。

図18-3　すべり台

4　クライミングウォール

壁の表面に人工の突起をつけ，その突起物に手と足かけてよじ登る遊具。子ども用には高さを出さずに横移動（トラバース）を重点に，安全にクライミングを楽しむことができる構造で作られている（図18-4）。幼児にクライミングの楽しさを伝えるとともに，からだをどのよう使って移動するのかという身体認識力や突起物につかまり体を支える筋力，バランス感覚，次にどこに移動すればよいかの判断力，観察力，考察力が育つ。

〔あそび方〕

① 1つの突起物に両手でつかまり，地面から両足を離して，いくつ数えられるか，一人でチャレンジする。友だちと競い合ってみる。

② 壁の右側から左側への移動・壁の左側から右側への移動を行う。できるだけ少ない突起物を使っての移動を行う（両側を鍛えながら）。

③ 壁の突起物の色を指定して，その色だけを使って移動する。

図18-4　クライミングウォール

5　ぶらんこ

座板を，支柱や樹木から2本の鎖や紐などで水平に吊るした構造の遊具。からだのバランスをとりながら座板に座り，足や頭を前後にし，こぐことで大きく揺らすことができる。体幹の力と腕の筋力，握力，手足の協応性（からだを揺らすタイミングの感覚），巧緻性を養うことができ，スピード感や大きく揺らすことで風を感じスリルを楽しむことができる。

〔あそび方〕
① 座板に座っている幼児を船に見立てて「出発しまぁーす」のかけ声をかけて友だちが後ろから背中を押して揺らす。
② 座板に座って「よーいドン！」で足をバタバタさせてバランスをとる。
③ 座板に座って大きく揺らして「何が見える？」と聞くことで，いつもと違う景色を素早く見取って言葉にする。

図18-5　ぶらんこ

6　うんてい

金属製のはしご状のものを水平または弧状（太鼓橋）にした遊具。はしご部分にぶら下がって渡る。はしご部分の上を手足を使って移動する。筋力，平衡性，身体認識力，空間認知力，リズム感，協応性が養われる。

〔あそび方〕
① うんていにぶら下がって，足を前後左右にぶらぶら振る。
② 友だちの拍手の音を聞きその数を進む。
③ 両端から同時に友だちとスタートしうんていを進み，出会ったところでじゃんけんをして，勝ち負けを決めて進む。

7　総合遊具

登る，ぶら下がる，すべり降りる，くぐり抜ける，バランスをとる等，多くの動きを1つに取り入れた遊具（図18-6）。幼児が自身で遊び方を考える経験ができる。運動能力だけでなく知的な面も伸ばすことができる。サーキットあそびのように巡回して行うことができ，繰り返して行うことで多種多様な能力を鍛えることができる。

〔あそび方〕
① サーキットあそびのように巡回して運動を行う。見立てあそび，表現

図18-6　総合遊具

第18章　固定遊具を使った体育あそび

あそびを取り入れて楽しみながら行う。

固定遊具は幼児が楽しく遊べるように配置を考え，安全への配慮をすることも必要である。最近は，固定遊具の使い方やあそび方を知らない幼児も多く見られ，指導者は見本を見せたり，説明したり等，幼児に興味をもたせてあそびを発展させられるようにする等の工夫とともに，安全な使い方の指導も必要になってきている。

固定遊具の事故で，1か月以上の加療が必要とされた受傷では，骨折が全体の73.7％を占め[1]，固定遊具の事故は大きなけがにつながる傾向があるため，施設管理者の安全管理が必要である。それと同様に，安全性に配慮し，固定遊具を安全に使うことができる幼児の運動能力の育成も，大切である。

遊具に関する事故には衝突，接触，落下，挟み込み，転倒などがあり，こうした事故は，物的危険と人的危険が関わりあって発生することが多く，一つひとつの要因に限定することは難しい場合が多いとされているが，危険は取り除くことが肝要であり，事故を未然に防ぐように心がけたい。固定遊具の設置後は定期的な点検を行い，メンテナンスが必要である。

1）厚生労働省：児童福祉施設等が設置する遊具で発生した事故調べ（概要），2001.

8　保育実践の紹介

(1) 鉄棒をするにあたって

鉄棒の第一歩は，「のっかる」，「ぶらさがる」ところから始まるが，鉄棒に対して恐怖心を抱いている幼児は多い。中でも，鉄棒でよく手を放して，落下

表18-2　鉄棒を使っての実践の種類

ぶらさがり (図18-7)	① 鉄棒を両手で握る。 ② 膝を曲げて，地面から足を放し，ゆらゆらと揺れる。
お猿のかごや	① 鉄棒を両手で握る。 ② 片足ずつ持ち上げ，足を鉄棒にかけてからませる。 ③ 数を数え，何秒ぶら下がれるかを競争する。
布団干し (図18-8)	① 鉄棒に飛びつく。 ② からだを前に倒し，からだが折れたところで手を放す。 ③ からだの力を抜いてぶら下がる。
足抜きまわり	① 鉄棒を両手で握る。 ② 両足で地面をけって，尻を上げる。 ③ 後ろから前に，バーの下で足を抜く。
逆上がり	① 鉄棒を両手で握り，両足を前後に開き，胸をバーに近づける。 ② 利き足で地面を力強くけり上げる。 ③ 両腕でバーを引きつけ，足先を回る方向に向け，回転する。

図18-7　ぶらさがり

図18-8　布団干し

する幼児が多い。幼児は，普段の生活の中で，足が上，頭が下になるという状況に慣れていないため，頭が下になった時に，とっさに落下への恐怖心から手をつこうと鉄棒から手を放してしまうのである。

（2）うんていをするにあたって

様々なかたちのうんていがある。上に乗って遊ぶこともあるが，あそび方によっては危険を伴うため，安全面には十分に気をつける必要がある。

表18-3　うんていを使っての実践の種類

ぶらさがり	① うんていを両手でもってつかまり，ぶらさがる。 ② 誰が一番長く，つかまっていられるかを競争する。
前進する （図18-9）	① 横棒を1本ずつもって，渡っていく。 ② 前に進めるようになったら，1本とばし，2本とばしをして遊ぶ。
渡る	① 手足を使って，横棒の上を進み，渡る。
ジャンケン ゲームをする （図18-10）	① チームにわかれて両側から渡っていく。 ② 出会ったところで，じゃんけんをする。 ③ 勝てばそのまま進み，負ければ自分の陣地に戻る。
鬼ごっこを する	① 長い複雑なうんていでは，うんてい上だけの鬼ごっこをする。

図18-9　前進

図18-10　ジャンケンゲーム

（3）ジャングルジムをするにあたって

運動的にみても，からだの発育と空間認知能力の発達，体力づくり，ひいては姿勢の発達によい要素がたくさんある。まっすぐ登り降りするだけでなく，斜め登りや斜め下り等，三次元的な動かし方もある。上肢下肢がそれぞれバラバラに動くことに加えて，それぞれの手足を独立させて動かす必要があり，複雑な動きが学ぶことができる。頭や足のからだの部位がどの辺りに位置するかを感じとり，枠のバーに当たらないようにくぐり抜けるにはどうしたらよいかを考えられるようになり，空間認知能力を養うことができる。

図18-11　登り降り

図18-12　くぐり抜け

表18-4　ジャングルジムを使っての実践の種類

登り降りをする （図18-11）	① しっかりつかまって登り降りをして遊ぶ。 ② 上達したら，斜めに登る。
つたい歩きをする	① 周囲をつたい歩きする。 ② 後ろ向きでも，つたい歩きをする。
くぐり抜けをする （図18-12）	① 上下左右にくぐり抜けをする。 ② 前に後ろにくぐり抜けをする。
鬼ごっこをする	① 鬼は，地上にスタンバイして，残りの子どもは散らばる。 ② 制限時間を決め，スタートの合図で，鬼は子どもを追いかける。 ③ つかまったら，役割を交替する。

（4）総合遊具の使用にあたって

　主にジャングルジム，すべり台，うんてい，ネット登り（図18-13）やネット渡り，丸太渡り（図18-14）等を複合的に行える遊具で，様々な動きを経験できる運動遊具である。幼児一人ひとりがあそび方を自分で考えながら，多種の遊具を通して，筋力向上，空間認知能力を養うことができる。

図18-13　ネット登り

図18-14　丸太渡り

● 演習課題

課題1：公園にある固定遊具と園にある固定遊具の種類を調べて，違いを話し合ってみよう。

課題2：固定遊具の安全性を確かめる方法には，どのようなものがあるか調べよう。

課題3：海外ではどのような固定遊具があり，どのように使われているのか，インターネットで調べよう。

第19章　環境づくりと体育あそび

　環境が子どもたちの心とからだを大きく動かし，その経験で得られるものは，のちの生活に大きく影響を及ぼす。身体的な面はもちろん，社会的な面，知的な面，精神的な面，情緒的な面をバランスよく伸ばす環境をつくってあげたい。そのためにも，環境設定に工夫を凝らし，コーナーあそび，組み合わせあそび，障害物あそび，サーキットあそびの特徴や違いを知り，子どもたちの発育や発達レベルとニーズに応じて使っていただきたい。

1　コーナーあそび

　コーナーあそびとは，一定区域内の小区画に構成された体育あそびのことである。幼児が自分で興味のある体育あそびを選び遊べるように，動線を工夫する。

（1）いろいろボウリング

〔あそびで育つもの〕
　① 操作系運動スキル。
　② 協応性，空間認知力。

〔あそびの準備〕
　テニスボール・キャンディーボール・サッカーボール等の様々なボール（各1），ボール入れ（1），ピン（6～10）またはペットボトル（2リットルサイズに砂を適宜入れ安定させる），スタートライン（3）

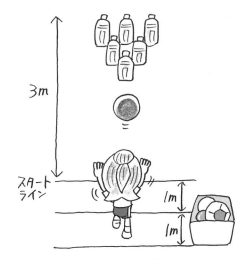

図19-1　いろいろボウリング
出典）前橋 明編著：幼児体育理論と実践 第3版，大学教育出版，p.169, 2012.

第19章　環境づくりと体育あそび

〔あそび方〕

① 幼児が自分でボールやスタートラインを選び，ピンをめがけてボールを転がす（図19-1）。

② 終了した幼児は，自分で倒したピンを立てる。

2 組み合わせあそび

　組み合わせあそびとは，遊具や用具を組み合わせたり，あそびを組み合わせたりして，一つのまとまりあるあそび場を構成するあそびを指す。基礎的な運動スキルをさらに高められるようにする。

（1）忍者の修行

〔あそびで育つもの〕

① 平衡系運動スキル，操作系運動スキル。

② 巧緻性，協応性，調整力，空間認知力。

〔あそびの準備〕

　平均台（1），マット（2），テニスボール（適宜），ボール入れ（1），的（1：約4mの布に絵を貼る），室内用鉄棒（1：的の布をかける）

〔あそび方〕

① 忍者になりきって一本橋（平均台）を渡り，跳び降りる（図19-2）。

② テニスボールを持ち，前方の的に向かって投げる（図19-2）。

③ 終了した幼児は，ボールを拾ってボール入れに戻す。

図19-2　忍者の修行
出典）前橋　明編著：幼児体育理論と実践 第3版，大学教育出版，p.174，2012．

3 障害物あそび

　障害物あそびとは，スタートとゴールを設け，その間の走路を妨げるように障害物を配置し，それらの障害物で作られた課題をクリアしてゴールに到達するあそびである。障害物に挑戦する勇気，障害物を乗り越えゴールできた時の達成感，充実感など，スタートからゴールまでの幼児の心の動きを大切にする。

　コーナーあそびや組み合わせあそびを基本とし，以下の点に留意して，幼児の発達をふまえ障害物の難易度を工夫する。

① 順番待ちが長くならないように，人数を調整する。② 4，5歳児で8～10人程度を目安とする。③ 人数が多くなる場合にはあそび方を再検討する。④ 待っている幼児にもあそびの課題を与え，待ち時間も楽しめるように工夫する。

(1) くじでGO！

〔あそびで育つもの〕

① 移動系運動スキル，平衡系運動スキル。
② 巧緻性，敏捷性，柔軟性，スピード，瞬発力，調整力，判断力，身体認識力。

〔あそびの準備〕

　スタートライン・ゴールライン（各1），トンネル（1），フープ（9），跳び箱（1），マット（4），ロイター板（1），平均台（1），コーン（4），くじ（赤，青，黄チームの人数分）

〔あそび方〕

① 全員でくじをひき，くじの色別にチームをつくり，運動課題を確認する。
② チームごとにスタートラインの手前に一列に並び，スタートの合図で各運動課題を行いゴールする（図19-3）。発達年齢をふまえ，リレーで行ったり，コースを変えたりしてあそびの展開を図る。

第19章　環境づくりと体育あそび

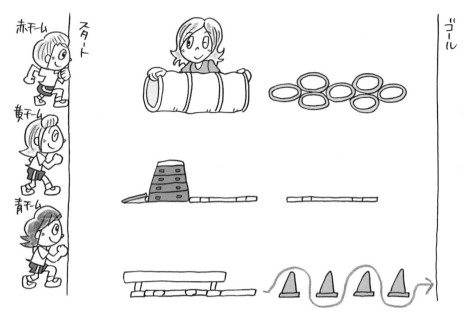

図19-3　くじでGO！
出典）前橋 明編著：幼児体育理論と実践 第3版，大学教育出版，p.179，2012．

4　サーキットあそび

1) 前橋 明：0～5歳児の運動遊び百科，ひかりのくに，pp.4-5, 2004.

2) 米谷光弘：サーキットあそび，黎明書房，pp.22-33, 1990.

　サーキットあそびとは，自動車レース「サーキット」から名前をとったあそび[1]で，スタートからゴールまでの間に様々な運動課題をバランスよく設営する。巡回式のサーキットあそびは多様な運動を体験できるので，苦手な運動でも無理なく自然に経験できる。

　遊戯室や体育館，園庭（固定遊具を利用），野外（自然物を利用）などの広い場所で行う。コースは，O型・U型・W型・H型・X型・8の字型[2]などがあり，発達を考慮して様々な運動スキルが発揮できるように，コースを工夫する。

（1）忍者サーキット

〔あそびで育つもの〕
　①　移動系運動スキル，平衡系運動スキル，操作系運動スキル。
　②　巧緻性，敏捷性，柔軟性，スピード，瞬発力，調整力，判断力，空間認知力。

〔あそびの準備〕
　遊戯室や体育館などの室内の広い場所で，遊具や用具を準備する。忍者が行う様々な術を幼児といっしょに考える。

168

① **トンネル**：ダンボール箱を適宜用意し，幼児がくぐり抜けられるようにダンボール箱を筒状にしてつなぎ合わせ，くねらせてトンネルを作る。天井や側面を一部開け，カラービニールやセロハンを張り，明り取りにする（図19-4）。

図19-4　トンネル
出典）前橋　明編著：幼児体育理論と実践 第3版，
大学教育出版，p.170-171，2012.

② **山**：登り降りができるように，普通サイズのマットやロングマット，ロール状にしたマット（ひもや長縄で崩れないよう縛る）等を跳び箱とうまく組み合わせる（図19-5）。

③ **橋**：平均台（3台）をコの字型につなぎ合わせ，上に石に見立てた新聞紙（新聞紙を丸めてセロテープで止める）や滝に見立てたフープ（フープにスズランテープを貼り付け，平均台の途中で補助者が持つ）を設営する（図19-6）。

図19-5　山　　　　　　　　**図19-6　橋**

④ **川**：マット（2枚）を川に見立て，前転や横転ができるように設営する。

⑤ **転がしの術**：ボウリングのピン（10本，敵の絵を貼り付ける。ペットボトルの代用でも可），ボール（サッカーボール・ビッグボール・カラーボール等数種類），スタートライン（1）を準備し，コーナーにあそびを設営する。

⑥ **虹**：布（1枚，約50cm×2m）を虹に見立てて，2人で操作する。

⑦ **池渡りの術**：フープ（9本）をケンパー跳びができるように並べる。

⑧ **敵倒しの術**：テニスボール（10個），ボール入れ（1），的（鉄棒に約4mの布をかける），折り紙（適宜），スタートライン（1）を準備し，コーナーにあそびを設営する。テニスボールを的に当てる他，折り紙で手裏剣を折

第19章　環境づくりと体育あそび

って当てる。

⑨　**跳び越しの術**：小型ハードル（1台），用意できない場合は，旗立てに棒を立て，スズランテープを付けたもので代用する。

⑩　**速足の術**：コーン（5個）をジグザグ走ができるように縦に並べる。

⑪　**泳ぎの術**：新聞紙（適宜），ダンボール箱（適宜）を準備し，コーナーにダンボール箱で枠囲いを作り，新聞紙をちぎって中に入れ，新聞の池を設営する。ダンボール箱は動かないように，ガムテープで貼り合わせておく。

⑫　**その他の準備**：仕切り（仕切りやスズランテープ等を利用する），ハチマキ（忍者の衣装として頭に巻く），忍者の曲（BGM）。

〔あそび方〕

忍者になりきって，様々な術に挑戦して遊ぶ。

①　スタートラインに一列に並び，一人ずつ1　トンネル潜り→2　山のぼり→3　川（マット）渡り→4　壁歩きの術（壁にからだをピッタリつけて横に歩く）→5　転がしの術（ボウリング）→6　橋→7　虹（布くぐり）→8　池渡りの術（フープのケンパー跳び）→9　敵倒しの術（的当て）→10　跳び越しの術（小型ハードル）→11　速足の術（コーンをジグザグに進む）→12　泳ぎの術（新聞の池を渡る）の順に進み，巡回して遊ぶ（図19-7）[*1]。

②　スタートの合図でBGMをかけ，あそびを進める。

③　あそびに慣れてきたら途中でBGMを止め，指導者の「敵だ！石に変身！」のかけ声で一斉にあそびをストップし，そのまま石になって動きを止める。指導者の「進め！」のかけ声であそびを再開し，繰り返し遊ぶ。

④　幼児が自由な発想で遊具や用具を組み立て直し，あそびを展開する。

〔指導上の留意点，援助のポイント〕

①　忍者の絵本や紙芝居，素話，忍者体操，忍者言葉「○○でござる」等で，幼児が忍者を思い浮かべ，イメージを広げられるようにする。

②　トンネルや新聞の池などの製作や遊具の運搬準備を幼児といっしょに行う。

③　幼児の体力や能力に合わせて行えるように，難易度の高いあそびについては，難易度を下げたあそびも並行して設営する（例．高い山と低い山，障害物を設置した平均台と設置しない平均台）。

④　幼児が自由にあそびを複合し，自分たちのあそびのイメージを実現したり，あそびを発展していけるように援助する。イメージを表現するためのコーンやフープ，ラージボール，縄，布，折り紙，新聞紙，トランポリン等の遊具や用具，素材などを用意し，あそび環境を再構成する。

＊1　参加者が多い場合は，待ち時間を短縮し，あそびの流れをスムーズに進めるためにグループにわけ，複数のスタート地点を設ける。

5 保育実践の紹介

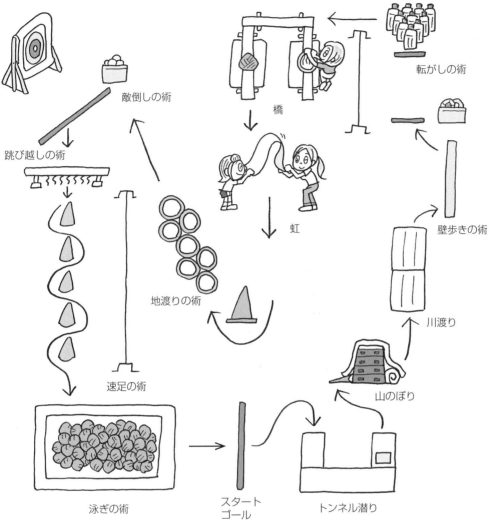

図19-7 忍者サーキット
出典）宮下恭子編著：子どもの運動・表現遊び 第2版，大学図書出版，p.61，2012．

5 保育実践の紹介

　幼児の健康づくりのために，保育園では，園庭遊具や可動式遊具などを利用して，コース状になった運動プログラムを立案し，実践している。園庭には，鉄棒や登り棒，築山トンネル等の運動遊具が設置されており，また，園庭の土地を拡張し，さらに運動量が確保でき，様々な楽しい運動が展開できるように，運動プログラムに工夫を加えている。さらに，各運動において，どのような運動スキルが身につき，どのような体力が向上するのかを明確にしていき，それらの動作スキルを，1歳から5歳の発達に応じて，バランスよく身につけ

第19章　環境づくりと体育あそび

ることができるよう，運動プログラムの中に含めている。

(1) 4つの運動スキルについて

子どもたちが体力づくりのために取り組んでいる運動プログラムの中に，以下の4つの基本運動スキルをバランスよく経験できるように運動環境を設営し，運動能力をしっかり伸ばしていくことがよい。

表19-1　4つの基本運動スキル

移動系運動スキル （図19-8）	歩く，走る，跳ぶ，這う，スキップする等，ある場所から他の場所へ動く運動スキル。
平衡系運動スキル （図19-9）	バランスをとる，渡る等，姿勢を保つスキル。
操作系運動スキル （図19-10）	投げる，蹴る，打つ，捕る，物に働きかけたり，操る動きのスキル。
非移動系運動スキル （その場での運動スキル）（図19-11）	「移動系の動き」に対して，その場での非移動系の運動スキル。ぶら下がる，押し引きするスキル。

図19-8　移動運動系スキル（ジグザグ走り）

図19-9　平衡系運動スキル（平均台渡り）

図19-10　操作系運動スキル（ボールキャッチ）

図19-11　非移動運動系スキル（ぶらさがり）

(2) 運動プログラムの立案

保育園での実践としては，年齢別に難易度1～5のプログラムをつくるとよいだろう。パターン1（図19-12）は，やさしい運動課題を設定し，全員が達成できるものを取り入れ，パターン5（図19-13）に進むにつれて，幼児自身の挑戦する気持ちを育むねらいを設け，難しい課題も設定する。そのような中で，プログラムを立案する際に，クラスで目標とする最終的な運動課題を明確にし，その課題を達成できるための基礎運動を取り入れていくことが大切である。

　　例　年長児鉄棒…最終課題：逆上がり
　　　　太鼓橋ぶらさがり → 鉄棒ぶらさがり → 前回り → ツバメ → 逆上がり
保育園では，運動場がある場合，それを活用し，30分間のサーキット形式に

5 保育実践の紹介

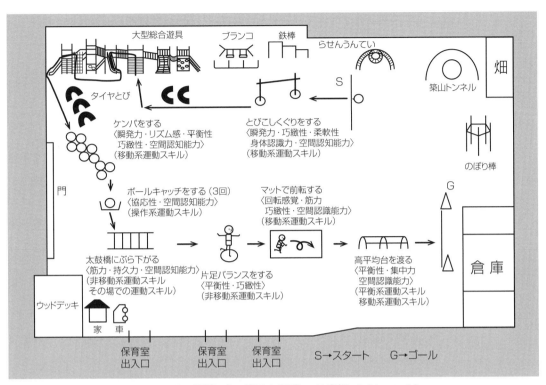

図19-12 運動プログラム例①：5歳児（パターン1）

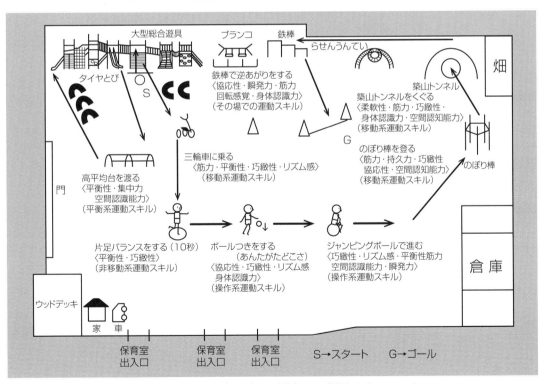

図19-13 運動プログラム例②：5歳児（パターン5）

した運動プログラムを実施するのもいいだろう。年度初めの4月は，運動プログラムを実施する際の留意事項を知らせながら，一つひとつの運動を丁寧に行うようにさせ，特に，3歳児から5歳児合同で行う時間を設けて，年少，年中児に，年長児の姿を見せることで，動きの見本となる場となる。最初のうちは，スタートを数名ずつにし，一人ひとりの取り組む姿を確認し，混雑が起きないような配慮も必要である。

運動プログラムを行う際に大切にすることは，一つひとつの運動種目を丁寧に行うことである。幼児たちの競争意識の高まりも大切にしながらも，動作一つひとつの丁寧さに，確実さを加えて，行うことが求められる。また，一人ひとりの達成度に違いがみられるが，運動を苦手とする幼児ががんばって取り組む姿を認め，その幼児に合わせ，その場で課題を変え，柔軟に対応できるように，指導者間でも共通理解をもつように配慮してもらいたい。

楽しんで取り組める工夫としては，幼児の自主性を大切にして，準備・片づけの段階で，幼児が指導者といっしょに設営できるようにするとよい。また，BGMの活用によって，幼児の意欲も引き出され，リズミカルな動きや軽快な動きが生まれる。

身につけさせたい運動スキルを明確にすることで，運動の偏りや不足している運動経験がわかりやすくなり，発達に合わせた運動をバランスよく取り入れることができる。

● 演習課題
課題1：体育あそびの環境づくりについて復習し，〔あそびで育つもの〕，〔あそびの準備〕，〔あそび方〕に沿って，「コーナーあそび」，「組み合わせあそび」，「障害物あそび」，「サーキットあそび」を創作してみよう。
課題2：年齢別に身につけさせたい運動スキル，安全配慮などの留意事項をふまえて，運動プログラムを立案してみよう。
課題3：課題2で立案した運動プログラムを基に，運動が苦手な幼児のための運動プログラムを立案してみよう。

第20章 運動会種目

> 運動会では，幼児たちが保育の中で学んでいる正しい運動のあり方と，人間としての調和的発達のための正しい運動の必要性を強調し，みんなで学び合う機会としたい。特に，このことを，運動会の特定の日に，みんなで実行し，その具体的な姿を，家族や地域の多くの人々に見せることは，意味がある活動であり，行事である。その具体的な姿を，運動会の種目（競技種目，レクリエーション種目，表現・リズム種目）を通して，紹介していく。

　就学前施設（保育園，幼稚園，認定こども園をいう）の運動会は，園児の表現・リズム発表種目，先生と親子の交流を目的としたレクリエーション種目，競争を意図した競技種目などで構成されている。競技種目やレクリエーション種目は，チームで団結し，参加者のみならず，応援している人も感動できるプログラムが求められる。そのためには，簡単なルールで，プログラムに沿って行い，園児だけが参加する種目，親子で参加する種目，来賓やPTA，そして職員も参加する種目などを計画し，全員で運動会をつくっていくという考え方が必要である。

1 競技種目

　競技種目は，個人競技（かけっこ，徒競走，リレー）と団体競技（綱引き，玉入れ，大玉ころがし）の2つにわけられる。
　個人競技は，かけっこ，徒競走，リレーに代表される種目が中心となるが，保護者が参加できる種目を取り入れることも多く見受けられる。例えば，保護者が幼児を抱っこして走ったり，いっしょに障害物を乗り越えて走ったりする種目がある。また，季節の果物をゴール付近に置き，お土産を目的に走るかわいいかけっこも考えられる。さらに，年長になると全員リレーや代表リレーを行い，会場の観客も一体となり運動会を盛り上げる種目は見応えがある。

第20章　運動会種目

　団体競技は，紅白やクラスごとにわかれ，昔から行われている綱引きや玉入れ，大玉ころがし等がある。また，オセロのようにカードをひっくり返し，指定の色の多さを競うゲームも盛り上がる。園児の実施種目としては，大縄跳び・障害物競走・買い物リレー等があり，親子競技では，親子ダンス・キャタピラ競争・デカパン競争・ムカデ競争などがみられる。来賓やPTA，職員の競技では，おたま競争・ドリブル競走・パン食い競争などがある。昔から行われている種目と職員の考えた競技を取り入れることが望ましいといえよう。

（1）はさんで遊ぼう

〔あそびで育つもの〕

① 操作系運動スキル（足で挟み，上下させる・うちわで挟む）。
② 非移動系運動スキル（その場で足を上げて維持する力）の向上。
③ 巧緻性・適応性・腹筋力・瞬発力・身体認識力・空間認知能力の育成。
④ 協調性・協力性など，社会性の育成。

〔あそびの準備〕

風船（人数分），うちわ（人数分），コーン（1）

〔あそび方〕

① 長座姿勢で両足で風船をはさみ，落とさないように上下させる。カンガルーになった気持ちで両足に挟んでジャンプしたり，背中にのせてラクダになった気持ちで遊ぶ。ボールのような強度はないので，優しく扱うことが要求されるので，より運動スキルが高まる。
② 慣れてきたら，チームにわかれて，風船はさみ競争をしよう。スタートラインにチームごとに，2列で並ぶ。先頭は各自うちわを持って準備する。スタートの合図で，うちわに風船をはさんで，2人で協力をしてコーンを回って戻り，次のグループにうちわと風船をバトン代わりに渡す。早

図20-1　はさんで遊ぼう

くゴールしたチームが勝ちである。

〔メ　モ〕

　風船はさみ競争でレジ袋を風船として使用する際は，空気が漏れやすいので，大袋の中にさらに空気を入れた中袋を2～3個入れて，強度のあるレジ袋風船で行う。それでも競技中に空気が漏れるので，替えを用意しておこう。

（2）洗濯競争

〔あそびで育つもの〕

① 操作系運動スキル（走りながらつかむ力）の向上。
② 移動系運動スキル（走る力）の向上。
③ 瞬発力・敏捷性・スピード，協応性・巧緻性・集中力・空間認知能力の育成。
④ 協力性・順番を待つ等，社会性の育成。

〔あそびの準備〕

スーパーのレジ袋（洗濯物に見立てる：人数分），洗濯ばさみ（人数分），竿あるいはひも（洗濯ばさみを取り付けておく），補助者（適宜），スタートライン（1）

〔あそび方〕

① チーム分けをして，スタートラインにチームごとに1列に並ぶ。
② 先頭は，スタートの合図で走り，指導者が高く投げ上げたレジ袋をとる。
③ 前方の洗濯ばさみの所まで進み，洗濯物を干す要領で，レジ袋の一端を

図20-2　洗濯競争

第20章　運動会種目

　　洗濯ばさみにはさみ，スタート時点に戻って次の子に手でタッチする。
④　アンカーが戻ってきたら終了である。

図20-3　からだジャンケン

（3）からだジャンケン

〔あそびで育つもの〕
①　操作系運動スキル（ジャンプをする，座る）。
②　非移動系運動スキル（気をつけ，体操すわりの維持）。
③　リズム感，敏捷性，瞬発力，連帯感，協調性を養う。

〔あそび方〕
①　5人1組みになる。横一列に並び，右から，親指・人差し指・中指・薬指・小指と役を決める。
②　パーは，全員が立つ。グーは，全員座る。チョキは，親指・薬指・小指の人が座る。
③　2チーム向かい合い，それぞれのチームで相談して何を出すかを決める。
④　最初はグーで座り，「ジャンケン」で2度ジャンプをし，「ポン」で形を作る。
⑤　勝ったチームは，しゃがんで列を作り，負けたチームが勝ったチームの周りを1周する。

〔メ　モ〕
①　ジャンケンは，合図で動けるように練習をしておく。
②　リーダーが決めて伝える。
③　リーダーが手を握り伝える（1回はグー，2回はチョキ，3回はパー等）。
④　リーダーが相手にわからないようにサインを送る。

2　レクリエーション種目

　レクリエーション種目では，日頃の園生活で取り組んだ種目としてダンス，リズム，マーチング，表現，組み体操を発表する。そのため，個人の成長がみられるだけではなく，友だちと協力する姿から，観客にたくさんの感動を与える種目である。発表を通して，先生方と一生懸命に取り組んでいる姿を想像し，4月の入園や進級当時の幼児たちを思い出し，その成長した姿を感じることができるのではないだろうか。運動会のプログラムの最後には，参加した大

人もいっしょに参加できるダンスを行い，わが子の成長を肌で感じ，参加者全体で運動会をつくり上げるという園も多くみられるようになってきている。

（1）バルーンあそび

　バルーンは全身でからだを動かす楽しさを味わいながら，皆で協力して創りあげる喜びを体験するのに適した遊具である。集団あそびを通じて協調性，社会性を養い，仲間と協力する人間性を高め，合図による動作で協応性や巧緻性など，特に調整力が養われる。「パラバルーン」はその名が示す通り「パラシュート」と「バルーン」がいわば合体したともいえる遊具で1974（昭和49）年に考案されて以来，子どもから大人まで幅広い年齢層に長く愛用されている。現在では「パラバルーン」という製品名自体が集団競技・あそびのジャンル名になっている。運動会で日頃の成果を発表したり，親子でもいっしょに楽しむことができる。

〔あそびで育つもの〕
① 操作系運動スキル・移動系運動スキルの向上。
② 巧緻性・筋力・柔軟性・協応性・調整力・身体認識力・空間認知能力の育成。
③ 社会性・協調性・創造性の育成。

〔あそびの準備〕
　バルーン，ボール（ビーチボール・ゴムボール・大小のボール等）

〔あそび方〕
① バルーンの下をくぐってみよう。這い這いやしゃがみ歩き等，いろいろな姿勢ですばやく移動したり，くぐり抜けたりする。バルーンの高さをだんだん低くしたりして，運動量の負荷を加えていく。
② バルーンの揺れを感じてみよう。バルーンをゆっくり揺らし，揺れる下ではどんな気持ちになるかを体感する。座ったり，仰向けに寝たりして姿勢を変換してみる。
③ バルーンに慣れよう。バルーンの上にボールをのせ，落とさないように弾ませる。バルーンの上にボールをのせ，落とさないように転がす。

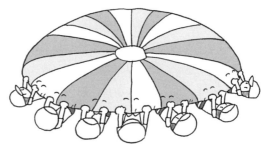

図20-4　ホットケーキ

図20-5　風船

④ 様々な種目にトライしよう。波・山・ピラミッド・メリーゴーランド・あさがお・ひまわり・ウェーブ・昼寝・ホットケーキ（図20-4）・花畑・風船（図20-5）・家。

⑤ 作品構成（例）。波→（洗濯*1）→山→（洗濯）→ピラミッド→（洗濯）→メリーゴーランド→（洗濯）→あさがお→（洗濯）→ひまわり→（洗濯）→ウェーブ→（洗濯）→昼寝→（洗濯）→ホットケーキ→（洗濯）→花畑→（洗濯）→風船→家　種目と種目の間に「洗濯」をつなぎとして使用することで，幼児がわかりやすく動くことができるようになる。

⑥ 音楽に合わせてチャレンジする。BGMには，幼児たちの好きな曲や馴染みのある曲を選曲し，幼児の活動意欲を高め，リズム感を養っていく。

*1　洗濯
バルーンを左右に揺らし，「横波」のような動きを表す。

3　表現・リズム種目

　運動会の表現・リズム種目は，幼児がリズミカルな音楽に合わせて動く全身運動であり，仲間といっしょに表現する活動をとおして一体感を得られるプログラムである。「表現」と「リズム」を組み合わせて楽しくからだを動かす体験は，脳・神経系の発達をより促すといわれており，その活動の過程が身振り，顔の表情や言葉などのコミュニケーション力や考える力などの発達にも重要な役割を果たしている。

　保育者は幼児が踊りたいという意欲を引き出せるように生活の中での動きやイメージに働きかけて，豊かな表現力を育んでいきたい。ここでは，楽曲を使った表現・リズム種目の指導ポイントを，以下のように設定した。

（1）種目のねらいを明確にもつ

　重要なことは，幼児が興味をもって主体的に取り組める環境設定と，保育者が幼児の発達に必要な内容を意図的に働きかけるためのねらいの設定である。表現・リズム種目は幼稚園教育要領，保育所保育指針，幼保連携型認定こども園教育・保育要領の保育内容5領域（健康，人間関係，環境，言葉，表現）のうち，「表現」領域に主に関連がある。「ねらい」や「内容」を理解しながら，毎日の表現活動から運動会の表現運動へつなげるように展開する。身体表現独自の視点からねらいをまとめたものが，表20-1である。

（2）動きを引き出すための言葉がけを工夫する

　3歳頃から言葉の意味を理解できるようになるので，絵本を見たり，動物や乗り物などの身近な題材を使ったり，お話を作ったりしてイメージを引き出す

表20-1 身体表現のねらい

1. 感性を育てる
   身近な生活環境の中で様々な音，形，色，動き等，見たり聞いたり，触ったりしながら，美しいものに気づく。
2. 表現と鑑賞の技能を育てる。
   リズミカルな動きを楽しむとともに，よい表現に気づく。
   ① いろいろな動きがリズミカルに楽しんでできる。
   ② 感じたこと，考えたことをのびのびと表現して楽しむ。
   ③ 友だちの動きを楽しむ。
3. 表現体験を生活化する
   身近な生活やあそびの中でリズミカルに動くことを楽しみ，様々な表現活動にも興味・関心を向けながら豊かな生活になることを楽しむ。

出典）荒木恵美子：身体表現の学習-系統的な学習指導を目指して-, p.122, 1994. を一部改変.

ように導入を工夫する。言葉がけは，一連の動きを物語にして説明したり，動物や歯磨き等の動作に「みたて」[*1]や「つもり」[*2]あそびを取り入れて展開するとよい。また，擬音語[*3]や擬態語[*4]を使ってイメージを広げ，動きにつながるような言葉がけをする。動きの緩急や強弱，アクセントを声の出し方と連動させて表現運動に展開する。

（3）動きづくりはシンプルにする

　幼児期は基本的に4つのステップ（ウォーキング，ランニング，ギャロップ，スキップ）ができるようになる。下肢の動きは，ツイストやバウンズ，ヒールタッチ，ケンケン等のように年齢とともにできることが増えてくるので，できることを組み合わせてまとめる。上肢の動きは，日常的な生活動作，自然事象や鳥，昆虫などの生き物，楽曲の歌詞や曲調（波の音で泳ぐ動作）などの幼児期に特徴的な「みたて」や「つもり」あそびを取り入れて，リズムにのせて動きを引き出す。

　動きの数の目安は，一曲の構成でからだを十分に動かせるように7から10の動きまでとする。1つの動きの長さは最低でも4カウントを1つの動作とし，低年齢になるほど8から16カウントを使って繰り返して大きく動けるように構成する。

（4）使用する音楽を十分に理解する

　リズム・表現種目に適した楽曲は，リズムが明快で聞き取りやすく，歌詞や曲調が動きにつなげやすいこと，子どもたちがよく聞いたり，歌ったりしている流行曲や伝えたい民謡など，表現したいイメージにマッチするものを選ぶ。
　楽曲を使った動きの創作は，次のような手順を追って進めるとよい。まず，

*1 **みたて**
ロープを持って電車にみたてたり，ブロックをハンドルにみたて電車や車を運転するように，あるものを何か別のものにみたてることをいう。

*2 **つもり**
団子に見立てた泥だんごを食べたつもり，お姉さんになったつもりのように，何かをしたつもり，誰かになったつもりになることをいう。

*3 **擬音語**
「ごろごろ」，「どぉーん」，「ぴゅーぴゅー」，「トントン」等，出ている音を言葉にしたもの。

*4 **擬態語**
「きらきら」，「ぐにゃぐにゃ」，「すっー」，「ぐるぐる」等，音は出ていないが様子を表現した言葉。

第20章　運動会種目

海で泳ぐイメージの衣装

使用する楽曲を繰り返しよく聞いて，その構成の特徴を分析する。一般的にポピュラー音楽の構成は，前奏→1番→間奏→2番→後奏となっている。次に8カウントを1つのまとまりとして考えて，その数がいくつあるのかを数える。最後に歌詞や曲調から動きを考えて，幼児と創作した動きをあてはめていく。間奏で隊形（円型，ピラミッド型，四角型，縦列横隊など）を変えて変化をつける。

（5）道具や衣装を使って動きを引き立てる

　道具や衣装は，幼児の演技の見栄えを高める効果やそれを使って多様な動きを引き出すことができる。よく使われる道具はポンポン，スカーフ，キラキラテープ，鳴子，鈴などであり，色や大きさ，素材によって得られるイメージが異なる。それぞれの道具の特徴をいかした動き方を工夫したい。例えば，ポンポンを使った動きは大きくみえてダイナミックに感じられるし，スカーフを腕につけて，ひらひらさせると華やかに見え，音のなる鈴は聴覚を刺激して一層楽しく感じる。

おさるさんに変身

　衣装は，動きの妨げにならないように簡単に羽織れるものやからだの一部分（頭，手首，腰，足首）に身につけられるものがよい。例えば，動物になりきって表現するような場面には，幼児が動物をイメージして演じやすくなるように工夫（頭に動物の顔を描いた面やしっぽ等を身につける等）をするとよい。

● 演習課題

課題1：競技種目・レクリエーション種目で，創作ゲームを考えてみよう。
課題2：「手のひらを太陽に」の楽曲を使って前奏から後奏までの動きを創作してみよう。
課題3：表現・リズム種目で注意すべきことを考えてみよう。

第21章 小学校体育につながる幼児期の体育あそび

幼児期の体育指導の場で大切なことは，運動を通して「幼児がどのような心の動きをしたか」「どのような気持ちを体験したか」という「心の動き」の体験の場が最優先され，小学校体育に向けての心の準備を，就学前期には確立することである。就学後に意欲的になれない状況に陥らないようにするために，就学前期には，「きっと，がんばればできる」と自分を肯定的に受け止められるように，運動有能感や自己肯定感を育てることが求められる。

1 小学校体育につながる幼児期の体育あそびの実際

（1）就学前期の体育あそびを考える背景

就学前施設では，体育あそびはどのように捉えられているのだろうか。就学前期の子どもの体育あそびは，小学校体育の教育内容である運動技能の先取りとして考えられている場合がある。スポーツの技能が，小学校以降で「できる」ことを目指し，幼児を指導している現場も存在している。

戦後に示された幼稚園教育要領は，1964（昭和39）年に告示となり，1989（平成元）年までの25年間，見直されることなく，幼稚園教育現場では，保育内容の6領域が，小学校の教科学習と混同された現状があった。当時，小学生になるまでに，幼児が「逆上がり」や「縄跳び」，「跳び箱」などができるようになることを目指す幼児教育の実践も存在した。そして，1989（平成元）年の幼稚園教育要領の改訂[1]により，保育内容は幼児の発達の側面から検討され，5領域となり，小学校の教科と直接に結びつくことなく，子どもの主体性の育ちを大切にする教育が目標となった。「自由保育」という言葉が生まれ，運動あ

1）民秋 言：幼稚園教育要領・保育所保育指針の成立と変遷，萌文書林，pp.4-10，2010.

そびの嫌いな幼児は，主体的に運動あそびをすることなく，小学校に進んでいった。その結果，小学校体育においては，できる子とできない子の二極化が問題となり，1999（平成11）年改訂の小学校学習指導要領体育[2]では，基本の運動として，低学年には「○○運動遊び」が示され，現在に至っている。

また，地域社会でのあそびも変化した。かつては，異年齢の子どもたちがいっしょに遊び，その活動を通して，子どもの世界での「できる」ことが増えた。そして，年上の子と遊ぶことで，様々な子どもの社会での「折々で変わるルール」を学んだ。この「折々で変わるルール」（小さな子やできない子，初めて参加した子がいるからやあそび場の広さが違うから等の理由で変わるルール）の学びが，現在はほとんどなくなっているだろう。これに対し，放課後の習い事の世界では，スポーツ指導者による大人の決めたルールや公式ルールに則って，スポーツを学ぶのである。その結果，小学校体育の授業場面では，スポーツスキルだけでなく，公式ルールを知っている子どもと何も知らない子どもの二極化も生じている現状もある。

以上のような背景のもと，小学校就学前の幼児の体育あそびでは，何を目指すべきなのかを考えてみたい。

（2）就学前期の発達と体育あそび

ここでいう就学前期とは，主に小学校に入る前の一年間を指している。

就学前期（5～6歳）の発達的特徴は，諸条件がよければ，大人の運動系の発達ときわめて近い状態になり，子どもはスポーツ運動系の運動形態を自由にコントロールできるようになる[3]。しかし，この運動系の発達は，この時期にノーマルな運動刺激が子どもに与えられているかどうかに依存し[4]，現状では，二極化現象が起きている。

就学前期は，神経系の発達に関わる協応性や敏捷性，平衡性，巧緻性などの調整力に関する体育あそびの経験が必要である。ガラヒューは「幼少期は運動コントロール能力の発達の敏感期であり，この時期の運動経験が大人になってからのいわゆる"運動神経の善し悪し"に大きな影響を与える[5]」としている。

すなわち，就学前期は，習い事にみられる一種類のスポーツの基礎的スキルの訓練ではなく，多様な運動スキル（とりわけ調整力に関わるスキル）の学習を目指し，体育あそびに取り組むための工夫が必要となる。

前橋は「幼児期の体育指導の場で大切なことは，運動の実践を通して，運動技能の向上を図ることを主目的とするのではなく，『幼児がどのような心の動きを体験したか』『どのような気持ちを体験したか』という『心の動き』の体

2）文部省：小学校学習指導要領解説　体育編，東山書房，pp.29-37，1999．

3）クルト マイネル，金子明友訳：スポーツ運動学，大修館書店，pp.299-311，1981．

4）白石 豊・吉田貴史・川本和久：新版 どの子も伸びる運動神経－小学生編－，かもがわ出版，pp.6-15，2013．

5）ドナルド ガラヒュー，杉原 隆監訳：幼少年期の体育－発達的視点からのアプローチ－，大修館書店，pp.44-45，1999．

験の場を最優先とされなければならない[6]」と指摘するように，小学校体育に向けての，心の準備状態を就学前期には確立したいと考える。小学校就学後，子どもが「できないからしたくない」といったように，運動に対して意欲的になれない状況に陥らないためには，就学前期には「きっと，がんばればできる」と自分を肯定的に受け止められるように，運動有能感や自己肯定感を育てることが重要となる。そのためには，保育者は就学前期に，競争ではないいろいろな手段を使って，有能さを示す工夫をしなければならない。小学校では，自ら選んで遊び込むような時間はあまりなく，ほとんどの時間，クラスを単位とした同じ集団で決められたスケジュールで過ごすことになる。その場合，有能感や苦手感は仲間集団によって，高められたり低められたりする。そして，競争場面と有能さの認知が結びつくことが多く，できなかった子どもにとって，他者との比較における社会的評価は，無力感を形成する危険性がある。

　ガラヒューは「子どもが運動有能感を充分発達させるまで，そして競争場面における協力行動を評価できるようになるまで，競争させてはいけない[7]」と指摘している。

6）前橋 明：幼児体育－基礎理論と指導の方法－，樹村房，p.3，2008.

7）前掲書5），pp.160-162，1999.

2　幼児期の体育指導上の工夫と実際

（1）多様なバリエーションと調整力を高める工夫

　幼児期は移動系運動スキル，平衡系運動スキル，操作系運動スキル，非移動系運動スキルの多様な運動パターンを学習することが望ましい[8]。しかし，就学前期の幼児は，例えば，走ることについて，「走るのが遅いから嫌だ」とか「友だちに遅いって言われた」等の訴えをすることがある。走る速さは，筋力系に依存するので，競争場面において優劣の差が出やすい。そのため走るのが苦手な幼児にとって運動無力感を形成しないような，体育あそびとしての工夫が必要である。走るのが遅い子にとって，かけっこや鬼ごっこはしたくないことがあるという認識を保育者は，もたねばならない。運動会の花形のリレーも，リレーあそびとしての教材研究が必要であろう。時折，100mトラックを年中児は半周，年長児は1周と決めている園を見かける。年長児では頑張ることを目標としているらしいが，運動無力感の形成が起こる危険性が潜んでいる。仲島は小学校の短距離走の教材において，15m走を教材化し，児童の走る意欲を引き出したことを報告している[9]。就学前期においては，走るのが苦手な幼児に，競争することなく，全力疾走をする楽しさを感じさせ，走りたいと思うための工夫が必要となる。速さに対する評価の影響を少なくするために

8）日本幼児体育学会：幼児体育　理論と実践 初級，大学教育出版，pp.27-29，2008.

9）仲島正教：たかが15m，されど15m，みんなが輝く15m，体育科教育18（11），pp.26-29，2000.

は，走る運動であれば，多様なバリエーションのある走り方を経験することが，幼児期には望ましい。そして，多様なバリエーションの動きの経験は，結果として，調整力を発達させる。

移動系運動スキルでは，上手に転ぶことや転びそうになった時にバランスよく立て直すことが重要である。例えば，並べたダンボール箱の中（図21-1）や，ポリ袋や新聞紙の上を歩いたり，走ったりすることで，足がダンボール箱に引っかかる感覚やすべる感覚などに対して，動きをコントロールしなくてはならない。また，友だちと手をつないだり（図21-2，図21-3），背中合わせで離れないように，歩いたり（図21-4）すると，触覚による感覚（背中が押される感覚や手が引っ張られる感覚）と運動が協応する。また，小学校体育で扱われるコピーランは，先頭の人の走るフォーム，方向，向きのすべてをコピーしながら動くのである。先頭は自分の行きたい所へ，好きな姿勢（横向き，前向き，後ろ向き，つま先立ち，低い姿勢など）で動き，その動きをコピーして動くのである。このようにスピードと関係なく，友だちと関わりながら，いろいろな走る運動が「できる」ようになっていく。

図21-1　高さ20cmぐらいのダンボール

図21-2　手をつないでいっしょにリズミカルに走ったり，跳ねたり

図21-3　向かい合って，手をつないでジャンプしながら横移動

図21-4　背中で感じて動こう

（2）運動有能感を形成する工夫

運動有能感を形成するための工夫としては，まず「できる」ということを保育者（指導者）がどのように設定しているかが問題となる。

「子どもは『できない』と感じ始めると，それに参加しようという気持ちは

低下し，他の子どもが，その子どもの能力がないという理由で高く評価しないと，その子どもは，いっそう否定的感情をもつことになり，集団への親近感や積極的な社会化について問題が生じてくる[10]」とガラヒューは指摘している。幼児同士の評価は，周りの大人の評価に依存している。例えば，同じテンポで回す長縄跳びをリズムよく跳び続けることを「できる」と評価するか，保育者が幼児の一人ひとりの跳ぶリズムに合わせて回して，数回跳べたことを「できる」と評価するかが，「運動有能感」の形成に影響する。同じテンポで跳躍し続けることは，筋力の強さに依存するために，がんばっても「できない」こともあることを保育者は知っておくべきである。また，両足で跳べるかどうかを観察することも必要である。小学校の入学前に獲得したい運動スキルの一つとして，両足をそろえて，その場でジャンプができることがある。左右の足でケンケンはできるが，両足を同時に床から離すことのできない幼児は，両足を離した時のわずかな滞空時間からくる不安定感を感じている。この場合は，友だちや保育者といっしょに向かい合って両手をつなぎ，相手の両足が床から同時に離れるのを見て，いっしょに跳ぶことで，両足ジャンプができるようになる。

　長縄のあそびは跳ぶだけでなく，「くぐる」がある。回っている縄をくぐること，さらには友だちとリズムを合わしていっしょにくぐるのである（図21-5）。跳ぶ際は3回～5回に回数を決め，回す速さを変化させて，その速さに対応して跳んだり，動物模倣で跳んだり，友だちとリズムを合わせて跳ぶ等，いろいろなパターンの経験を通して，子どもたちは互いの「できる」を認め合うようになる。自ら，「長縄あそびをしたい」という意欲をもつようになることを目指した支援が必要である。また，これらの運動を通して，縄の動きと友だちの動きを視覚と触覚で捉えた協応運動が発達するのである。

　跳び箱，鉄棒などは，器具の特性と恐怖心が結びつき，高さや長さが怖い，木の堅さが怖い，鉄が痛く感じるというようなことが運動意欲に影響する。このような場合は，用具の工夫や，補助法の工夫によって，「できる」につながっていく（図21-6，図21-7）。さらに，小学校教材でみられる「シンクロ鉄棒運動」（図21-8）や「シンクロマット運動」（図21-9）などは，友だちといっしょに，同時に回転できるかが「できる」の基準となる[11,12]。この場合，逆上がりができるかどうかは基準とならない。友だちと同時に鉄棒に上がり，同時に下りることができたら「すごい」のである。鉄棒の「前まわり」を素早くできる幼児が，友だちといっしょに合わせてできない例もある。この時，「できる」幼児にも「できない」ことが起こり，ゆっくり回転することが必要となるのである。

10）前掲書5)，p.161，1999．

11）鈴木信宏：苦手な子も楽しく上手に回れるシンクロ前回り，楽しい体育の授業229，pp.8-9，2008．

12）辻岡義介：楽しい準備運動と授業のステップ化で技能を高める，楽しい体育の授業229，pp.12-13，2008．

操作系の運動では，ボールが怖いことが運動意欲に影響するため，投げる道具を工夫し，運動意欲につなげる。最近は，就学前施設ではウレタンボールやスポンジボール等の柔らかい素材の物を使用するが，ドッジボールでは，ウレタン素材のボールが当たった場合も，痛いので，怖さを感じる幼児もいる。風船やポリ袋を使用した「投げる・捕える」のあそびは，不安定な用具であるため，落下位置を予想しながら動くことにつながる。落下速度が遅いことを利用し，集団で手をつないだまま移動しながら，風船をついて遊ぶと，自分のペースではなく，友だちと協調するという，より難しい運動学習となる（図21-10）。また，風船に布のガムテープを貼ることで，重さが増し，ウレタンボールと同じような扱い方ができる。そして，幼児にとっては風船であるため，怖さと結びつかず，ドッジボールをしても，意欲的に取り組むことができる。また，ガムテープの貼り方によって，風船の落ち方が変化するため，より意欲的になる。保育者は，ボールあそびの楽しさが，ボールの怖さよりも勝った状態になることを，就学前期には，重視したいものである。

図21-5 みんなでいっしょに手をつないでくぐる

図21-6 こん棒を使うと手が痛くない

図21-7 ゴミペールで丸形の跳び箱－いろんな高さで遊ぶ

図21-8 シンクロして回ろう

図21-9 シンクロして回ろう

図21-10 みんなで動いて風船つき

● **演習課題**

課題1：運動有能感や自己肯定感について，調べて，まとめよう。

課題2：就学前期の子どもたちの代表的な体育あそびを選び，幼児の育ち（運動スキル発達と社会的，精神的発達）の視点から教材研究してみよう。

資料　体力・運動能力測定方法

体力・運動能力測定方法-①

テスト項目	準備	方法
両手握力	・握力計（幼児用）	**方法** ・握力計の握りは，両手を並べて握っても，重ねて握っても，子どもの握りやすい方法をとる。この場合，人差し指の第2関節がほぼ直角になるように，握りの幅を調節する。 ・直立の姿勢で両足を左右に自然に開いて腕を下げ，握力計をからだや衣服に触れないようにして，力いっぱい握りしめる。この際，握力計を振り回さないようにする。 **記録** ・実施は，疲れるため，原則1回とする。不慣れな場合や失敗した場合，2回実施して，良い方の記録をとってよい。 ・測定は1／10kg単位とし，1／10kg未満は切り捨てる。 **実施上の注意** ・このテストは，同一被測定者に対して2回続けて行わない。
跳び越しくぐり	・ゴムひも（2m） ・支柱2本 ・スタート合図用旗 ・ストップウォッチ	**方法** ・平坦な地面上に，支柱2本を立て，その間にゴムひもを被測定者の膝の高さに張る。 ・両足でひもの上を跳び越したら，すぐにひもの下をくぐって元の位置にもどるのを1回とする。このように，ひもを跳び越してはくぐる動きを5回，何秒間でできるかを測定する。 ・スタートの合図は，ひもの前に立たせて「用意」の後，音または声を発すると同時に，旗を下から上へ振り上げることによって行う。 ・ゴムひもを越えるときは，またがないで両足でジャンプをさせる。 ・ゴムひもをくぐるときは，ゴムを手でさわらないようにさせる。 （図：支柱・ゴムひも・膝の高さ・2m） **記録** ・スタートの合図から，5回目で全身がひもの下をくぐり抜ける時点までに要した時間（秒）を計測する。 ・記録は1／10秒単位とし，1／10秒未満は切り上げる。 ・実施は1回とする。 **実施上の注意** ・補助者2人が支柱を支える等，支柱が倒れないように留意する。 ・からだが大きくなってくると，跳び越しから，くぐる動きの切り替えがうまくできないこともあるが，できるだけ早く動くよう促す。

資料

体力・運動能力測定方法-②

テスト項目	準備	方法
	・幅1m、長さ30mの直線コース（2） ・スタート合図用旗 ・ストップウォッチ（2） ・白石灰	スタートライン ────── ゴールライン ─ ゆとりライン ←─── 25m ───→ ← 5m →
25m走		**方法** ・スタートは，スタンディングスタートの要領で行う。 ・スタートの合図は，「位置」について「用意」の後，音または声を発すると同時に，旗を下から上へ振り上げることによって行う。 ・2人ずつ走らせるとよい。 **記録** ・スタートの合図からゴールライン上に，胴（頭，肩，手，足ではない）が到達するまでに要した時間（秒）を計測する。 ・記録は1／10秒単位とし，1／10秒未満は切り上げる。 ・実施は1回とする。 **実施上の注意** ・転倒に配慮し，園庭や運動場など，安全な場所で実施する。アスファルト道路では実施しないようにする。 ・走路は，セパレートの直走路とし，曲走路や折り返し走路は使わない。 ・ゴールラインの前方に補助者が立ち，迎えるようにするとよい。 ・走行途中で立ち止まらず，ゴールライン前方5mのラインまで，まっすぐ走らせるようにする。 ・ストップウォッチの押し方は，親指のつけ根の下の「手の腹」で押すようにする（親指で押すと，正確性に欠ける）。

資 料

体力・運動能力測定方法-③

テスト項目	準 備	方 法
立ち幅跳び	・屋外で行う場合 砂場，巻き尺，ほうき，砂ならし。 砂場のふちに踏み切り線を引く。 ・屋内で行う場合 マット（2m以上），巻き尺，ラインテープ。 マットの手前の床にラインテープを張り踏み切り線とする。	**方法** ・両足を軽く開いて，つま先が踏み切り線の前端に揃うように立つ。 ・両足で同時に踏み切って前方へ跳ぶ。 （図：踏切線，足跡，測定距離） **記録** ・からだが砂場（マット）に触れた位置のうち，最も踏み切り線に近い位置と，踏み切り前の両足の中央の位置（踏み切り線の前端）とを結ぶ直線の距離を計測する。 ・記録はcm単位とし，cm未満は切り捨てる。 ・2回実施して良い方の記録をとる。 **実施上の注意** ・両足を同時踏み切りで，腕を振ってできるだけ遠くに跳ぶようにさせる。 ・踏み切りの際には，二重踏み切りにならないようにさせる。 ・屋外で行う場合，踏み切り線周辺および砂場の砂面はできるだけ整地する。 ・屋内で行う場合，着地の際にマットがずれないように，固定する。滑りにくい（ずれにくい）マットを用意する。 ・踏み切り前の両足の中央の位置を任意に決めておくと，計測が容易になる。

資　料

体力・運動能力測定方法-④

テスト項目	準　備	方　法
ボール投げ	・硬式テニスボール（直径6.54cm～6.82cm，重さ56g～59.4g），巻き尺。 ・平坦な地面上に直径2mの円を描き，円の中心から投球方向に向かって，中心角30°以上になるように直線を2本引き，その間に同心円弧を1m間隔に描く。	**方法** ・投球は，地面に描かれた円内から行う。 ・投球中または投球後，円を踏んだり越したりして円外に出てはならない。 ・投げ終わったときは，静止してから円外に出る。 （図：直径2mの円、1m間隔の円弧） **記録** ・ボールが落下した地点までの距離を，あらかじめ1m間隔に描かれた円弧によって計測する。 ・記録は1／10m単位とし，1／10m未満は切り捨てる。 ・2回実施して良い方の記録をとる。 **実施上の注意** ・投球のフォームは自由であるが，できるだけ「下手投げ」をしないように伝える。また，ステップしたり，足を前後に開かせて，上に投げさせた方がよい。 ・30°に開いた2本の直線の外側に，石灰を使って5mおきに，その距離を表す数字を地面に書いておくと便利である。
歩数	・被測定者の人数分の歩数計を用意する。	**方法** ・歩数計を0にリセットする。 ・歩数計をズボンのふち，左腰の位置に取りつける。 **記録** ・幼稚園の場合は，午前9時から午前11時までに計測された歩数を，保育園の場合は，午前9時から午後4時までに計測された歩数を記録する。午前中の歩数を測定するためには，幼稚園と同じく，午前11時の記録をメモしておくとよい。 ・記録は1歩単位とする。 ・実施は1回とする。 ・歩数計をつけると，幼児は計器にさわることが多く，途中でリセットボタンを押すことがある。したがって，練習目的で数日間，歩数計をつけて，慣れさせておくこともよい。

索 引

英字

ADHD ……………………………… 74
LD ………………………………… 74
RICE ……………………………… 98

あ行

アスペルガー症候群 ……………… 74
安　全 …………………………… 15
安全環境 ………………………… 63
いざり …………………………… 47
一般型 …………………………… 44
移動系運動スキル ……… 11, 54, 60, 172
うつ伏せ ………………………… 47
うんてい ………………………… 161
運動あそび ……………………… 52
運動機能 ………………………… 6
運動能力 ………………………… 80
運動発現メカニズム ……………… 58
運動プログラム ………………… 172
運動無力感 ……………………… 185
運動有能感 ……………………… 185
鬼あそび ………………………… 128
親子体操 ………………………… 4

か行

外　傷 …………………………… 96
カエル跳び越し ………………… 149
ガキ大将 ………………………… 37
学習障害 ………………………… 74

か行（続き）

危　険 …………………………… 66
キッズヨガ ……………………… 132
基本運動スキル ………………… 54
客観性 …………………………… 93
吸啜反射 ………………………… 41
協応性 ……………………… 10, 54
競技種目 ………………………… 175
空間認知 ………………………… 54
空間認知能力 ……………… 12, 62
靴選び …………………………… 67
クマさん歩き …………………… 50
組み合わせあそび ……………… 166
クライミングウォール ………… 160
継承あそび ……………………… 36
原始反射 ………………………… 41
巧緻性 …………………………… 10
行動体力 …………………… 9, 79
コーナーあそび ………………… 165
午後あそび ……………………… 3
心地よい空間 …………………… 35
個人競技 ………………………… 175

さ行

サーキットあそび ……………… 168
最大努力 ………………………… 89
サンマ …………………………… 82
三　間 …………………………… 82
持久力 …………………………… 79
自己肯定感 ……………………… 185
実用性 …………………………… 93

索　引

自動運動 …………………………………… 59
指導テクニック …………………………… 53
芝　生 ……………………………………… 104
自閉症 ……………………………………… 73
ジャングルジム …………………………… 159
準備運動 …………………………………… 121
小1プロブレム …………………………… 107
障　害 ……………………………………… 71
障害物あそび ……………………………… 167
情緒の発達 ………………………………… 32
自律神経 …………………………………… 58
神経型 ……………………………………… 44
身体認識 …………………………………… 54
身体認識力 …………………………… 11，61
新聞紙 ……………………………………… 141
信頼性 ……………………………………… 90
随意運動 …………………………………… 58
睡眠リズム ………………………………… 26
スキャモン ………………………………… 44
すべり台 …………………………………… 159
生活リズム ………………………………… 22
生殖型 ……………………………………… 44
整理運動 …………………………………… 121
接続カリキュラム ………………………… 108
前　転 ……………………………………… 148
総合遊具 …………………………………… 161
操作系運動スキル ……………… 11，54，61，172
粗大運動 …………………………………… 43
外あそび …………………………………… 48

た　行

体育あそび …………………………… 52，184
体温異常 …………………………………… 24
体性神経 …………………………………… 58
体　力 ……………………………………… 9
体力・運動能力測定 ………………… 86，87
体力づくり運動 …………………………… 130
タオル ……………………………………… 140

高這い ……………………………………… 50
妥当性 ……………………………………… 90
団体競技 …………………………………… 176
短　縄 ……………………………………… 139
知覚運動スキル …………………………… 54
知的発達 …………………………………… 32
注意欠陥／多動性障害 …………………… 74
中枢神経 …………………………………… 58
つかまり立ち ……………………………… 47
突き指 ……………………………………… 98
つまずき …………………………………… 17
鉄　棒 ……………………………………… 158
動機づけ …………………………………… 89
動　線 ……………………………………… 64
跳び箱 ……………………………………… 149

な　行

長　縄 ……………………………………… 139
仲間づくりあそび ………………………… 127
縄 …………………………………………… 139
寝返り ……………………………………… 46
熱中症 ……………………………………… 99
捻　挫 ……………………………………… 98

は　行

把握反射 …………………………………… 41
背倒立 ……………………………………… 56
這い這い …………………………………… 47
廃用性萎縮 ………………………………… 31
発　育 ………………………………… 10，38
発　達 ………………………………… 10，38
場の環境 …………………………………… 101
早　寝 ……………………………………… 21
反　射 ………………………………… 41，59
非移動系運動スキル …………… 11，54，61，172
微細運動 …………………………………… 43
鼻出血 ……………………………………… 97
一人歩き …………………………………… 47

索　引

評価基準 …………………………………… 93
表現・リズム種目 ………………………… 180
敏捷性 ……………………………………… 10
風　船 ……………………………………… 144
フープ ……………………………………… 138
不随意運動 ………………………………… 58
物的な環境 ………………………………… 101
ぶらんこ …………………………………… 160
平均台 ……………………………………… 151
平衡系運動スキル ……………… 11, 54, 61, 172
平衡性 ……………………………………… 10
ペットボトル ……………………………… 144
防衛体力 ………………………………… 9, 80
ボール ……………………………………… 138

ま　行

前まわり …………………………………… 148

末梢神経 …………………………………… 58
マット ……………………………………… 147
メラトニン ……………………………… 2, 23, 85

や　行

ゆりかご …………………………………… 147
幼児体育 …………………………………… 51
ヨガポーズ ………………………………… 133

ら　行

ライス ……………………………………… 98
リンパ型 …………………………………… 44
レクリエーション種目 …………………… 178
レジ袋 ……………………………………… 143

195

● **編著者**　　　　　　　　　　　　　　　　　　　　　　　　　　〔執筆分担〕

前橋　明　　早稲田大学人間科学学術院 教授　博士(医学)　　概論，第1章，第2章
　　　　　　　　　　　　　　　　　　　　　　　　　　　　　　各章のサマリー，コラム(p.62)

● **著者（五十音順）**

氏名	所属	執筆分担
浅川和美	山梨大学大学院 医学工学総合研究部 教授　博士(医科学)	第11章
有木信子	作陽保育園 園長	第17章4，第18章8，第19章5
泉　秀生	東京未来大学こども心理学部 准教授　博士(人間科学)	第14章
岡　みゆき	大阪大谷大学教育学部 講師	第6章，第18章1〜7
金　賢植	仙台大学体育学部 子ども運動教育学科 講師　博士(スポーツ科学)	第9章
小石浩一	早稲田大学大学院前橋研究室	第3章，第16章1〜3，第20章1・2
五味葉子	早稲田大学大学院前橋研究室	コラム(p.78)
佐藤明日香	早稲田大学大学院前橋研究室	第15章3
佐野裕子	聖徳大学児童学部 准教授　博士(児童学)	第4章1〜5，第19章1〜4
須田あゆみ	京都西山短期大学保育幼児教育コース 非常勤講師	コラム(p.40)
住本　純	京都ノートルダム女子大学現代人間学部 助教	第13章，コラム(p.116, p.136)
髙橋功祐	東京YMCA社会体育・保育専門学校保育科 講師	第10章
德田眞三	龍谷大学短期大学部社会福祉学科 准教授	第12章
永井伸人	大阪成蹊短期大学幼児教育学科 講師	第17章1〜3，コラム(p.50, p.56)
廣瀬　団	日本幼児体育学会 専門指導員	コラム(p.126)
藤田倫子	日本幼児体育学会 専門指導員	コラム(p.126)
松坂仁美	美作大学短期大学部幼児教育学科 教授	第21章
松原敬子	植草学園短期大学福祉学科 准教授	第5章，第8章2・3・4(3)　第15章1・2，第20章2(1)
丸山絢華	一般社団法人Bambini Association 代表理事	第16章8，コラム(p.117〜118)
楠　美代子	一般社団法人日本キッズヨガ協会 代表理事	第15章4
森田清美	東北文化学園大学医療福祉学部 講師	第20章3
森田陽子	日本女子体育大学体育学部スポーツ健康学科 准教授	第7章1〜3，第16章4〜7
山梨みほ	葛飾区東半田保育園 園長	第4章6，第8章1・4(1)〜(2)
吉村眞由美	早稲田大学人間総合研究センター 研究員　博士(学術)	第7章4

行天BVT達也（イラスト作成）

コンパス　幼児の体育　－動きを通して心を育む－

2017年（平成29年）4月20日　初版発行

編著者	前　橋　　　明	
発行者	筑　紫　和　男	
発行所	株式会社 建帛社 KENPAKUSHA	

〒112-0011　東京都文京区千石4丁目2番15号
　　　　　　　TEL（03）3944-2611
　　　　　　　FAX（03）3946-4377
　　　　　　　http://www.kenpakusha.co.jp/

ISBN 978-4-7679-5055-6　C3037　　　　　　　プロスト／常川製本
©前橋明ほか，2017.　　　　　　　　　　　　Printed in Japan.
（定価はカバーに表示してあります）

本書の複製権・翻訳権・上映権・公衆送信権等は株式会社建帛社が保有します。
JCOPY〈出版者著作権管理機構 委託出版物〉
本書の無断複製は著作権法上での例外を除き禁じられています。複製される
場合は，そのつど事前に，出版者著作権管理機構（TEL03-3513-6969，FAX
03-3513-6979，e-mail : info@jcopy.or.jp）の許諾を得て下さい。